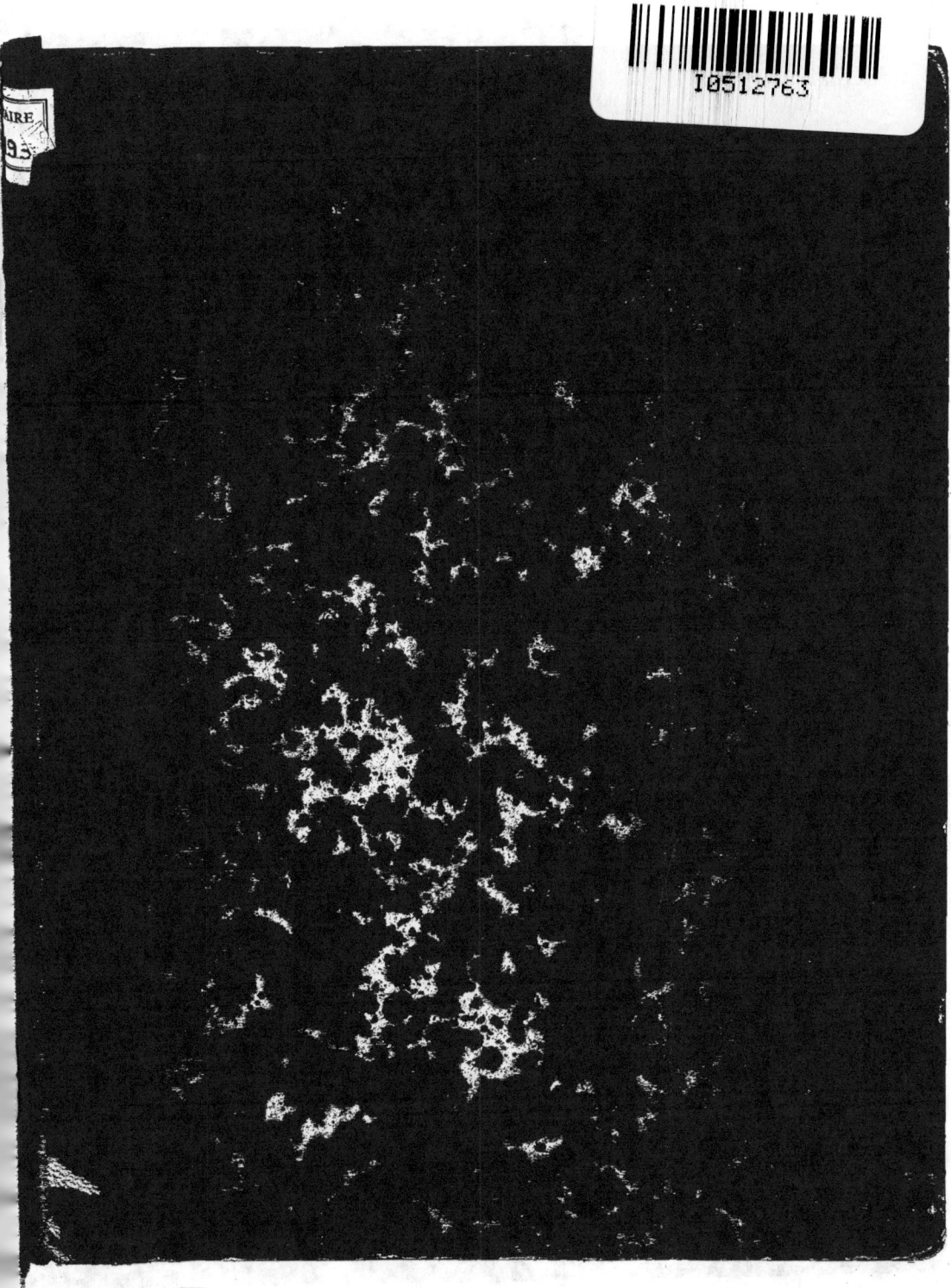

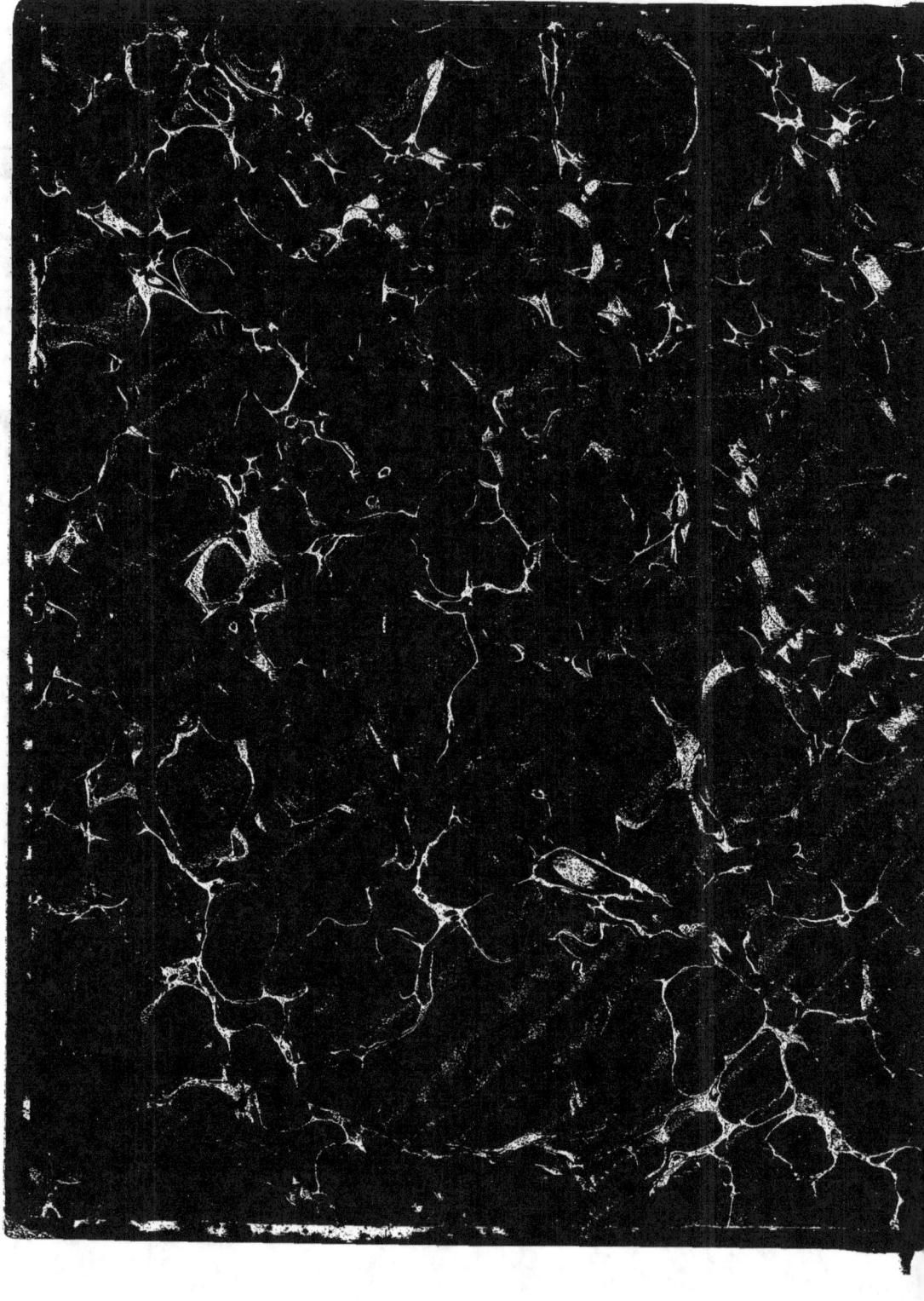

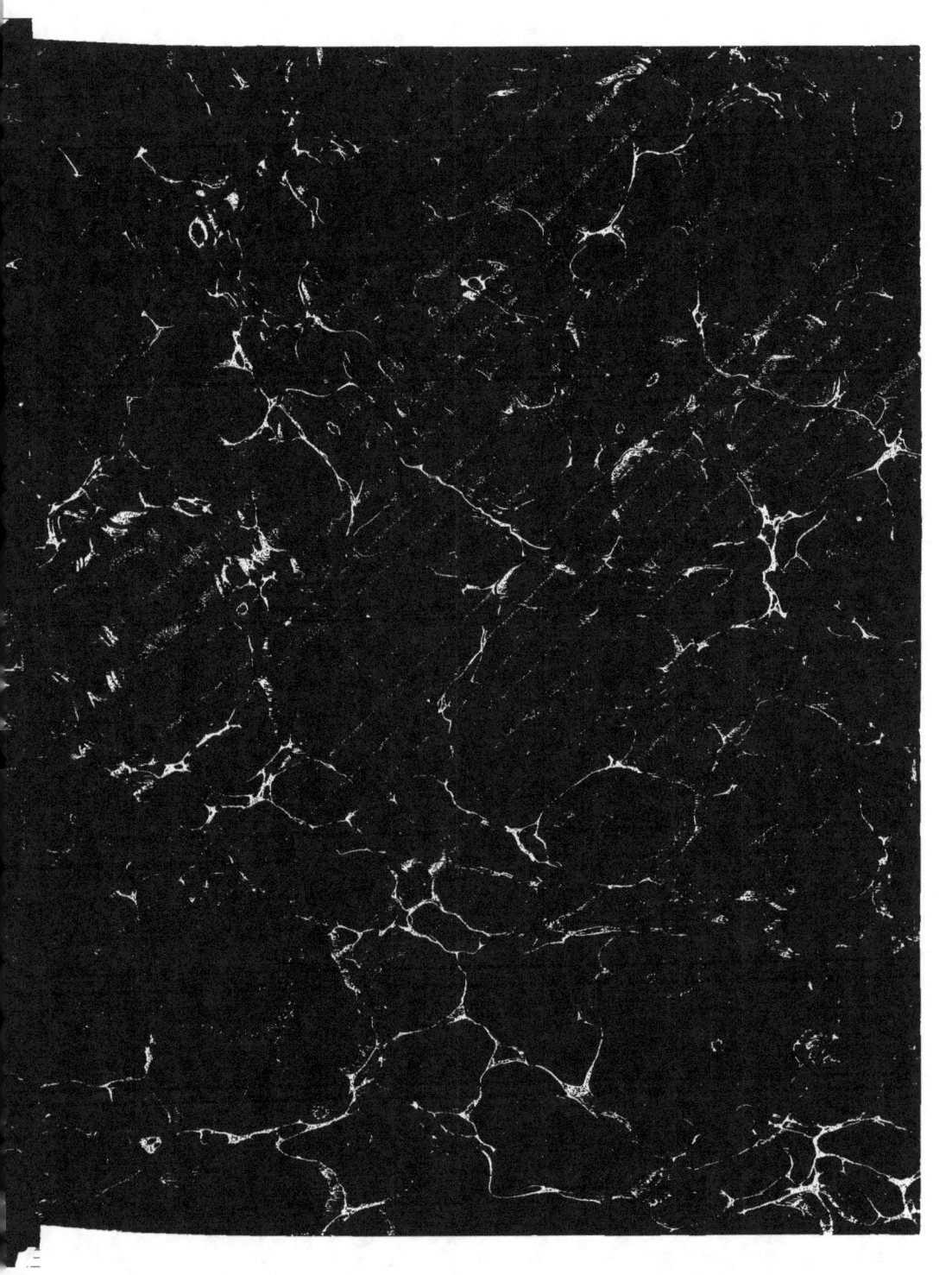

13193

CATALOGUE

DES TABLEAUX

COMPOSANT LA GALERIE

DE FEU SON ÉMINENCE

LE

CARDINAL FESCH

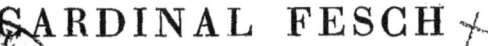

ROME
1841
IMPRIMERIE DE JOSEPH SALVIUCCI ET FILS

Avec approbation.

Ce catalogue se trouve :

à ROME,   *chez* Mr MERLE, *libraire*;

à PARIS, { *chez* Mr BAILLÈRE, *libraire, rue de l'école de médecine*;
          { *chez* Mr DELOY, *libraire, place de la Bourse*;

à LONDRES, *chez* Mr BAILLÈRE, *libraire, Regent street*;

et dans les autres capitales de l'Europe, chez les principaux libraires.

OBSERVATIONS.

La Galerie de tableaux réunis durant plus de quarante années, à si grands frais, avec tant de goût et de soin, par feu son Eminence Monseigneur le Cardinal FESCH, est tellement connue qu'une longue description de ces tableaux deviendrait inutile.

Dans l'examen de ces précieuses peintures où brillent le génie et les talens les plus célèbres des diverses époques, des diverses écoles; devant ces nombreux chefs-d'oeuvre qui inspirent une juste admiration; l'on s'est abstenu de céder à l'influence d'un enthousiasme qu'il était impossible de ne pas sentir, qu'il serait difficile d'exprimer.

Pour quelques tableaux, il a paru suffisant d'en indiquer simplement les sujets ou les auteurs: pour les autres, on s'est borné à en signaler certaines particularités, quelquefois une ou deux des qualités les plus saillantes, toujours en peu de mots, sans chercher à retracer les perfections qui les distinguent, et dont un exposé complet eut exigé plusieurs volumes.

Un pareil exposé d'ailleurs reproduirait-il exactement ces perfections avec leurs nuances à la fois si variées, si pleines de science, d'harmonie et d'éclat? Rendrait-il ces merveilleux effets qui frappent, à chaque instant, l'oeil étonné des rares trésors accumulés dans une aussi magnifique galerie? Il ne serait pas permis de l'espérer.

Nous croyons devoir appeler l'attention sur les motifs qui nous imposent une concision justifiée par la renommée de cette galerie: les amateurs sauront suppléer aux détails que nous avons omis, par leurs propres lumières qui aideront à fixer leur jugement, sur des chefs-d'oeuvre connus de tous ceux qui cultivent ou qui aiment les arts.

AVIS RELATIF AUX CONDITIONS.

Les personnes qui se présenteront pour examiner les tableaux composant la galerie à vendre en bloc, voudront bien se faire connaitre aux exécuteurs testamentaires, M^{rs} le Marquis Potenziani et Natalini, à Rome.

Elles auront toutes les facilités possibles pour l'examen de ces tableaux, qui ne devront cependant pas être déplacés.

Les mêmes exécuteurs testamentaires leur donneront d'ailleurs les renseignemens convenables sur les conditions à régler pour la vente de cette Galerie, dès qu'elles seront disposées à traiter.

NOTA. Le Numéro 3326 est le dernier du catalogue; mais comme il y a six Numéros *bis*, le nombre total des tableaux s'élève à 3332.

LES MESURES ONT ÉTÉ PRISES AVEC LE PIED DE ROI DE PARIS.

Sauf de légères inexactitudes occasionnées par les difficultés qui résultent de l'emplacement actuel de certains tableaux.

Sauf aussi quelques erreurs qui, malgré la plus scrupuleuse attention, auraient pu se glisser dans la rédaction du présent catalogue, que l'on a du traduire en français et imprimer à Rome.

La présente TRADUCTION *a été faite d'après le Catalogue rédigé en italien,*

Signé de M.^{rs} (LE BARON) VINCENT CAMUCCINI ⎱ .... (*Membre de l'Académie de Saint Luc.*)
               RÉDACTEURS.
      JEAN B.^{TE} BORRANI ⎰

(LE CHEV.^{r}) THOMAS MINARDI ⎱
(LE CHEV.^{r}) PHILIPPE AGRICOLA ⎬ .... (*Membres de la même Académie.*)
(LE PROF.^{r}) LOUIS DURANTINI ⎰

CATALOGUE

DES TABLEAUX COMPOSANT LA GALERIE DE FEU SON EMINENCE
LE CARDINAL FESCH

NUM. d'ordre	HAUTEUR des tableaux.		leur LARGEUR		
	pieds	pouces	pieds	pouces	
1	2	9	4	4	*Beau Paysage*; d'une composition savante et d'une admirable exécution: école flamande.
2	1	9	2	3	*Autre paysage, avec des chèvres*; cet ouvrage, traité avec un soin remarquable, appartient à l'école de Paolo Brilli.
3	1	9	2	9	*Autre paysage, où l'on voit une chasse d'animaux*; peinture qui est d'une vérité parfaite: même école.
4	1	9	2	9	*Autre paysage*, par un auteur flamand.
5	1	6	1	3	*Autre paysage*, avec des animaux très bien rendus.
6	2	6	3	6	*Autre paysage*, école de Paolo Brilli.
7	2	»	2	9	*Autre charmant paysage*, dans le style flamand.
8	2	3	3	»	*Marine, au clair de lune*, même style.
9	5	»	7	3	*Quatre bêtes sauvages en fuite*; tableau qui se distingue par une belle imitation de la nature; même style.
10	3	9	5	9	*Animaux et fruits*, très habilement imités, par un peintre flamand.
11	3	9	5	9	*Paysage*, savamment exécuté; école flamande.
12	1	9	2	6	*Autre paysage*, d'un égal mérite.
13	2	»	2	8	*Divers animaux*; précieuse production de l'école italienne.
14	3	9	5	6	*Combat d'un paon contre un coq et des poules*; on remarque dans cette peinture une grande expression de vérité: école flamande.
15	2	»	2	8	*L'Arche de Noé*, style italien.
16	2	6	2	»	*Marine au clair de lune*; ouvrage très soigné: école flamande.
17	3	»	3	9	*Une forêt*, peinte avec beaucoup d'intelligence et d'exactitude.
18	1	9	1	6	*Une autre forêt*, savamment rendue par un peintre de l'école flamande.
19	1	2	2	3	*Vue du Campo Vaccino*, traitée avec autant de savoir que de précision, à la manière du Corquozzi.
20	1	2	2	3	*Portrait de femme*, belle copie dans le style flamand.
21	2	4	1	9	*Portrait d'homme*, peinture d'un égal mérite.
22	3	»	2	6	*Garde-manger, avec des animaux tués à la chasse*; dans ce tableau une merveilleuse imitation de la nature s'unit à l'exécution la plus savante et la plus soignée, par Weenix.
23	2	2	3	»	*Marine*, d'une frappante vérité, école flamande.
24	2	»	2	9	*Un berger avec ses troupeaux*; cet ouvrage, habilement exécuté, offre d'excellens tons de couleur: il appartient à l'école de Jordaens.

NUM. d'ordre	HAUTEUR des tableaux.		leur LARGEUR		
	pieds	pouces	pieds	pouces	
25	2	»	2	8	*Vue extérieure d'une maison de campagne*, traitée avec beaucoup de talent et de soin, par un auteur flamand.
26	3	»	2	9	*Paysage*, d'une riche composition, d'une exécution brillante et du plus doux effet: école flamande.
27	4	2	6	»	*Autre paysage, offrant des restes d'anciennes constructions, au coucher du soleil*; tableau remarquable par une expression étonnante de vérité, à la manière du Both.
28	5	»	6	6	*Animaux tués à la chasse*; c'est une belle imitation de la nature.
29	2	9	4	6	*Le paradis terrestre avec beaucoup d'animaux*; ouvrage admirablement exécuté; style flamand.
30	4	3	6	3	*Marine*, traitée avec une rare intelligence; école flamande.
31	5	»	6	3	*Animaux tués et fruits*; peinture d'un bon effet, copie d'un tableau de l'école française, dans le goût des flamands.
32	3	6	5	3	*Marine*, d'un bel aspect, école flamande.
33	3	»	3	6	*Paysage*, à la manière du Brilli.
34	1	9	2	3	*Volailles*, peintes avec une vérité parfaite; d'un auteur flamand.
35	1	9	1	6	*Paysage*, exécuté avec le plus grand soin; école flamande.
36	5	3	5	3	*Grande couronne de fruits*; on y trouve une rare perfection: même école.
37	5	6	8	»	*Une duchesse de Clèves*, de grandeur naturelle, avec des figures allégoriques; école française.
38	7	6	9	6	*L'adoration des Mages*; figures grandes comme nature. La noblesse de la composition, la variété et la perfection des tons de couleur répandus sur cette toile avec une science et une facilité qui étonnent également, l'imitation de la nature obtenue avec bonheur par la puissance du génie, enfin l'effet le plus large, le plus doux, le plus harmonieux, donnent une valeur inappréciable à ce tableau de Rubens.
39	»	11	1	3	*Paysage*, d'une brillante composition, d'un très beau coloris et d'un précieux fini.
40	»	10	1	3	*Un cheval bardé de fer*, belle peinture par Albert Cuyp.
41	»	10	»	9	*Une femme tenant un enfant dans ses bras*; ces petites figures, merveilleusement exécutées, joignent à l'effet et à l'heureux choix des tons, une touche délicate, et une expression pleine de naturel et de grâce.
42	1	3	»	11	*Deux saints*, peints par Rubens, tableau du plus bel effet et d'une grande vigueur de coloris.
43	»	9	»	8	*Petite figure représentant un vieillard*, ouvrage de Gerard Dow; admirable par la plus frappante vérité, par une finesse et un goût exquis.
44	»	9	1	1	*Enée conduit par la Sybille aux enfers*, très petites figures exécutées par Le Hammeil.
45	»	9	1	1	*Paysage*, avec de très petites figures, par un auteur flamand.
46	4	6	5	6	*Laban reproche à Jacob d'avoir emporté des Idoles*, tableau de

NUM. d'ordre	HAUTEUR des tableaux.		leur LARGEUR		
	pieds	pouces	pieds	pouces	
					Quarel Dujardin, d'une manière large, et d'un excellent coloris; belle imitation de la nature jointe à une exécution aussi soignée que savante.
47	2	9	2	6	*Le cardinal de Richelieu*, demi-figure de grandeur naturelle; c'est un des plus beaux ouvrages de Philippe de Champagne, où l'on admire surtout la vivacité de l'effet et la science du fini.
48	»	10	1	3	*Bataille* en petites figures, exécutée avec soin, l'effet en est brillant; elle appartient à l'école flamande.
49	1	3	»	10	*Bacchanale*, figures de petites proportions, école flamande.
50	3	»	4	2	*Paysage*, richement composé, peint avec une habileté admirable et une grande vérité par Berghen.
51	2	»	1	6	*Paysage*, représentant une chute d'eau; excellente production de Ruisdael.
52	2	2	1	9	*Un autre*, semblable en tous points.
53	2	»	1	6	*Paysage*, d'un fini précieux, par Vaubloen.
54	2	»	1	6	*Un autre*, du même mérite.
55	8	»	5	9	*La fuite en Égypte*, figures grandes comme nature, peintes par Dietrich: effet de nuit, remarquable par un faire intelligent et par l'illusion qu'il produit.
56	»	10	1	3	*Port de mer*, très petites figures, ouvrage de Michau, traité avec grande vérité et un fini précieux.
57	»	10	1	3	*Autre Port de mer*, on y retrouve les mêmes qualités.
58	»	8	1	»	*Port de mer*, représentant un coucher de soleil, belle imitation de la nature.
59	»	10	1	3	*Paysage*, d'une finesse achevée, et d'une parfaite vérité, attribué à l'école flamande.
60	5	9	6	6	*Adam et Ève pleurant sur le corps d'Abel*, figures un peu moins grandes que nature, par Henri Goltz.
61	3	2	4	9	*Paysage*, d'un style très large, d'une savante exécution, et d'une grande vérité: on y voit un serviteur qui présente à ses maitres des animaux tués à la chasse; il est peint par Weenix.
62	2	»	1	6	*Deux Portraits*, remarquables par une grande vérité d'expression, dans le style d'Holbein.
63	1	4	1	9	*Vue d'une place publique*, parfaitement colorée; on y remarque une savante précision et une parfaite entente de perspective, ouvrage de Bovelyeyde.
64	3	6	2	9	*Portrait d'une femme* vêtue à la manière du seizième siècle; ouvrage qui se distingue par son bel effet et sa parfaite exécution, dans le faire du Bronzino.
65	2	10	3	3	*Demi-figure* grande comme nature, représentant le portrait d'un homme avec son chien; l'exécution en est d'une merveilleuse intelligence et à la manière flamande.
66	2	2	3	»	*Bambochade*, petites figures, par M. A. Cerquozzi.
67	10	4	6	9	*L'Annonciation de la Vierge*. Cette composition se distingue par une excellente couleur, une grande limpidité dans les teintes

NUM. d'ordre	HAUTEUR des tableaux.		leur LARGEUR		
	pieds	pouces	pieds	pouces	
					et un savant fini. Les draperies joignent à un beau style, une parfaite vérité d'imitation. C'est une œuvre de Philippe de Champagne; les figures en sont grandes comme nature.
68	5	»	4	4	*La crèche de Notre Seigneur.* Les figures en sont de grandeur naturelle. Cette peinture se fait remarquer par sa belle composition, et l'ingénieuse distribution de l'effet. On y trouve aussi une savante et précieuse expression de vérité. Elle est exécutée dans la manière de Gherardo delle Notti.
69	3	9	3	6	*Cerès reçoit les secours d'une vieille femme.* Demi-figures de grandeur naturelle, exécutées dans le gout flamand.
70	3	6	2	9	*Portrait d'un Amiral flamand*; ouvrage d'un rare mérite, peint dans le gout de Morillo.
71	1	6	2	3	*Les forges de Vulcain*; petites figures faites à la manière flamande.
72	8	4	5	»	*L'Annonciation de la Vierge*; la composition et l'exécution en sont soignées et bien entendues.
73	7	3	10	9	*Un Cardinal suivi d'un brillant cortége, se rend à une imposante cérémonie.* Les figures sont presque grandes comme nature. L'exécution en est très brillante.
74	7	6	6	»	*Une déposition de Croix.* Tableau original de Paul Véronèse, exécuté en figures de grandeur naturelle, et remarquable par la beauté du coloris et l'expression des personnages.
75	6	2	9	»	*Paysage*; la composition en est grandiose et le faire dans le style de l'école du Poussin.
76	5	9	9	»	*Notre Dame entourée de plusieurs saints, on y voit un moine agenouillé.* Les figures sont de grandeur naturelle; leur exécution est savante, et dans le style du Tintoretto.
77	6	8	8	»	*Une bataille*, habilement peinte, attribuée à l'école du Borgognoni.
78	8	2	4	10	*Le Couronnement de la Vierge*; dans le haut du tableau on voit la Vierge, et dans le bas se trouvent représentés plusieurs saints: ouvrage remarquable par un beau coloris.
79	2	3	5	3	*Cavaliers en Compagnie et partant pour la chasse.*
80	2	6	2	2	*Portrait d'homme*; surprenante et savante imitation de la nature: on le croit de Van Dick.
81	5	9	4	2	*Le Rachat des esclaves.* Ce tableau dont les figures sont grandes comme nature, se distingue par l'expression et l'harmonie de son effet. Entre les figures dont cet ouvrage est composé, celle de l'esclave qui couché par terre attend sa délivrance, est particulierement remarquable. Ecole flamande.
82	2	3	1	9	*Un portrait.* Demi-figure de grandeur naturelle, peinte dans le style de Rembrant.
83	2	2	1	8	*Portrait d'homme.* Cette peinture se fait remarquer par un aspect très piquant, un brillant coloris, et une savante imitation de la nature: elle rappelle la manière du Rembrant.
84	2	2	1	8	*Portrait de femme*; on y retrouve les mêmes qualités que dans le numéro précédent.

NUM. d'ordre	HAUTEUR des tableaux		leur LARGEUR		
	pieds	pouces	pieds	pouces	
85	1	10	2	3	*Paysage avec une marine*; on y voit deux vaches: c'est le célèbre Cuyp qui a peint ce tableau traité dans un style très large avec un merveilleux sentiment de vérité, et une incomparable harmonie.
86	2	»	4	»	*Petites figures occupées à la Pêche*; composition exécutée en maitre, et appartenante à l'école flamande.
87	1	6	2	2	*Une chasse au renard dans un beau Paysage*; ouvrage remarquable par le précieux de son fini.
88	2	9	2	4	*Portrait d'homme*. Oeuvre admirable de Rembrant. Cette production offre la plus haute intelligence unie à la vérité de l'effet et à la plus brillante fraicheur de coloris.
89	4	»	3	3	*Portrait* d'un grand mérite; il est peint par Rembrant.
90	3	9	5	»	*Deux portraits*, grandeur naturelle; de la main de Pool.
91	4	»	3	3	*Une vieille femme*, ouvrage d'une rare perfection par Rembrant.
92	2	9	2	4	*Portrait*, œuvre également admirable du même Peintre.
93	1	10	1	6	*Bambochade*, par un Peintre flamand; composition remarquable par sa grande vérité et la force de l'effet.
94	2	2	1	9	*Un philosophe occupé à ses études*; cette figure est de petite dimension, mais elle frappe par la beauté du coloris, la douce harmonie de l'ensemble qui s'unit à une finesse exquise et à une grande vérité: toutes ces qualités se retrouvent également dans la représentation de sa chambre, de ses livres, et de tous les fruits dont le plancher est parsemé. On le croit du pinceau de Coedik.
95	1	6	2	»	*Les Joueurs*, petites figures peintes avec élégance par Palamèdes.
96	1	6	2	»	*Chimiste dans son laboratoire*; petites figures, ouvrage d'un grand mérite peint par David Téniers.
97	1	4	1	2	*Paysage* d'une composition délicieuse dont le coloris est toutesfois vigoureux: on y voit de petites figures et des animaux: c'est une œuvre de Berghen.
98	1	4	1	9	*Une taverne dans la quelle se trouvent des joueurs*. Les figures de petites dimensions en sont admirablement peintes par Téniers.
99	1	4	1	2	*Une femme avec un enfant dans son berceau*. Peinture d'un bel éffet, et d'une grande vérité, on l'attribue à Gérard Dow.
100	1	6	1	3	*Une bambochade en famille*. Elle est d'un coloris piquant autant qu'harmonieux, et le fini en est savant.
101	1	9	2	2	*Boutique occupée par un Chevrier*; œuvre admirable de Téniers.
102	1	2	1	6	*Bergers et animaux*, de petites proportions, peints d'une manière vigoureuse; c'est une parfaite imitation de la nature dans le style de Berghen.
103	1	2	1	6	*Intérieur d'une cuisine*, d'un ton ferme et en même temps harmonieux. On le croit de la main de Stuoghi.
104	1	4	1	9	*Un joueur de Violon en compagnie d'autres petites figures*: ouvrage de Palamèdes.

NUM. d'ordre	HAUTEUR des tableaux.		leur LARGEUR	
	pieds	pouces	pieds	pouces
105	1	3	1	9	Une rivière couverte de glaces. Précieux tableau d'Ostade.
106	1	»	1	3	Petit Paysage, peint avec beaucoup d'art, et d'un grand fini, par Sivanvel.
107	1	6	1	3	Un joueur de Violon en compagnie d'une femme qui danse, et de quelques autres petites figures. Peinture de Steen.
108	1	2	1	9	Fête champêtre; charmant tableau composé de petites figures. Il est de Wampolo.
109	1	3	1	9	Une bataille dont le fonds est d'une grande beauté. Il est remarquable par la vigueur du ton et la perfection du fini. Verechuring en est l'auteur.
110	1	2	1	9	Le Jugement de Salomon. Petites figures: par Frank.
111	3	»	2	4	Un portrait d'un rare mérite, école flamande.
112	5	2	4	3	Un portrait sous la forme d'une Magdelaine repentante. La figure est grande comme nature. Il est de Kneller.
113	3	»	2	6	Saint Jérôme. Demi-figure, de proportion naturelle. Ce tableau produit un effet merveilleux, joint à une grande vérité. Il a été peint par un flamand qui cherchait à imiter la belle manière Italienne.
114	2	9	1	9	La dernière Cène de Jésus Christ. Le coloris en est vigoureux et rappelle l'école Vénitienne.
115	2	3	1	9	Portrait d'une petite fille qui tient un agneau. Peint par Cuyp. on y voit un très bon effet, uni à une parfaite imitation de la nature.
116	2	2	1	9	Portrait de femme. Demi-figure de grandeur ordinaire. Il se distingue par une admirable fraicheur et une grande vivacité dans le coloris. Il est compris avec une rare intelligence et du plus précieux fini. Ces qualités le font mettre au rang des plus beaux Gerardo delle notti.
117	1	9	1	2	Portrait d'homme. Cette petite figure en pied est un assemblage des tons les plus doux et les plus harmonieux qui s'allient à un fini inconcevable et rehaussé par une touche spirituelle. La tête dont l'exécution est vraiment admirable est pleine de vie. On peut dire enfin que ce tableau est un des plus précieux de Terbourg.
118	1	9	1	2	Portrait de femme. Il est du même auteur et du même mérite que celui qui précéde.
119	1	6	1	2	Portrait d'un vieil ermite. L'exécution de ce tableau réunit au suprême degré une merveilleuse vérité à un relief inconcevable. Il est du fini le plus achevé. Gerard Dow l'a peint à l'époque où il cherchait à imiter la manière de Rembrant.
120	1	9	1	2	Une hôtellerie. On y voit une citerne. Ce tableau est de Wich. L'effet en est doux et plein d'harmonie.
121	1	3	1	»	Portrait d'homme. Demi-petite figure; elle offre la réunion de la vigueur et d'une incomparable vérité. C'est une des plus précieuses productions du célèbre Terbourg.

NUM. d'ordre	HAUTEUR des tableaux.		leur LARGEUR		
	pieds	pouces	pieds	pouces	
122	2	2	1	10	*Portrait de femme*; la nature y est saisie avec une vérité parfaite et la couleur en est remarquable.
123	4	3	5	9	*L'Aurore qui chasse la nuit.* Figure de grandeur naturelle.
124	2	6	1	8	*Portrait de femme.* L'exécution est pleine de soin et de nature; on y reconnait la manière flamande.
125	1	10	1	6	*Un vieillard qui taille une plume.* Petite figure peinte par Colin dans la manière de Rembrant. Elle produit un effet piquant, et de la plus rare vérité.
126	1	10	1	3	*Portrait d'homme*, grand comme nature; il appartient à l'école française.
127	1	4	1	2	*Un concert.* Ce tableau est de l'école flamande. Les figures en sont petites et le ton en est singulièrement vigoureux.
128	1	2	1	»	*Portrait d'homme.* Demi-figure merveilleusement exécutée par Porbus.
129	1	8	1	3	*Portrait d'homme.* C'est sans contredit une des plus admirables productions de Rembrant.
130	1	4	1	2	*La mère de Rembrant.* Ce peintre a réuni dans ce chef d'oeuvre les qualités les plus éminentes de l'art, une incomparable imitation de la nature, l'intelligence de la couleur portée au plus haut degré, et l'harmonie la plus parfaite.
131	1	4	1	2	*Un philosophe plongé dans la méditation.* Petite figure qui rappelle le faire de Téniers.
132	»	11	1	3	*Un Marché*, composé avec de petites figures: ce charmant tableau, du fini le plus délicat, est peint dans le style de Breugel.
133	1	»	1	8	*Paysage*, par Heker, il est d'un excellent aspect. La nature s'y trouve parfaitement rendue, et son exécution ne laisse rien à désirer.
134	»	9	1	2	*Les Assassins.* Les petites figures qui composent ce tableau, présentent des groupes bien disposés. L'effet en est bien conçu et d'une finesse fort remarquable. Le fonds qui est un paysage est du même mérite. On le croirait de Téniers.
135	1	»	1	9	*Paysage*, d'une teinte très vigoureuse, mais dont les petites figures qui en font partie, sont traitées avec une extrême délicatesse. Il rappelle l'école de Téniers.
136	»	10	1	2	*Saint Jérome porté par des Anges.* Tableau de petite proportion. La couleur en est très ferme, la touche soignée, et digne du pinceau de Van Dick qui l'a exécuté.
137	4	3	3	3	*Une femme qui tient une torche.* On attribue cette belle production à l'école de Sebastiano del Piombo.
138	1	4	1	9	*Deux chasseurs avec des animaux*: le coloris en est parfait, et l'exécution très savante.
139	1	4	1	9	*Un chasseur en repos.* Il se distingue par les mêmes qualités.
140	1	4	1	9	*Un Empereur auquel un architecte présente le plan d'un édifice.* Les petites figures qui forment cette composition, sont peintes avec grande vigueur et donnent à croire qu'elles ont été copiées d'après l'original de Rubens.

NUM. d'ordre	HAUTEUR des tableaux.		leur LARGEUR		
	pieds	pouces	pieds	pouces	
141	1	4	1	9	*Autre Empereur.* Il est représenté couronné par la victoire. Cet ouvrage est du même pinceau que celui qui vient d'être indiqué.
142	1	8	1	6	*Portrait d'un Antiquaire*: figure d'un excellent coloris, et terminée avec une rare délicatesse.
143	3	»	4	3	*Loth et sa famille fuyant l'incendie de Sodome*: petites figures, elles sont exécutées avec une vigueur de coloris qui ne laisse rien à désirer.
144	4	»	5	»	*Le voeu des Vestales.* Ce tableau qu'on croit être de la main du Hammeil, est composé en figures de moyenne grandeur: l'effet est remarquable et les draperies sont exécutées dans un bon style.
145	4	3	6	4	*Un repas champêtre.* Tableau plein d'esprit, et d'imitation de la nature; il est composé et exécuté avec une grande intelligence par le célébre Tilbourt.
146	3	9	5	3	*Sujet allégorique*: petites figures.
147	1	3	1	9	*Un Paysage*, on y voit un berger avec une vache. Il est rendu de main de maitre, et la couleur en est très remarquable; on le croit de l'école de Berghen.
148	1	2	1	3	*Autre Paysage* qui présente les mêmes qualités.
149	1	6	1	9	*Vue de l'interieur d'une ville.* Ce tableau se fait remarquer par une grande précision: son effet de couleur est surprenant de vérité. C'est l'ouvrage de Wander Heiden.
150	3	»	4	»	*Paysage* par Hobdoma, c'est un admirable ensemble de richesse de composition et d'une parfaite imitation de la plus belle nature.
151	1	2	»	11	*Deux hommes à cheval.* Petit chef d'oeuvre du plus précieux fini, par Wouvermans.
152	1	2	»	8	*Un Ange qui administre le Sacrement de l'Eucaristie à un Saint.* Petite ébauche de l'école de Rubens.
153	3	»	4	4	*Bataille*, peinte par Wouvermans. On ne saurait exprimer les beautés de ce chef d'oeuvre. Le spectateur est frappé de l'immensité de la plaine qui se déroule avec tant de profondeur à ses yeux, et de la savante composition des groupes qui s'y détachent avec tant de vigueur. On est ému profondément par l'énergie furieuse avec laquelle se heurtent les hommes et les chevaux. Dans cette inimitable composition tout concourt à vous faire éprouver les plus fortes émotions, tout, jusqu'à l'épaisse fumée qui s'élevant en nombreux tourbillons, semble vouloir éclipser la lumière du ciel. Enfin la terrible poésie de cette scène de carnage est rendue avec une puissance et une délicatesse de couleur telles qu'en la contemplant, on reste également saisi de terreur et d'admiration.
154	1	1	»	10	*Une forêt* peinte par Ruisdael. Ce petit tableau se fait remarquer par un effet difficile à exprimer.

NUM. d'ordre	HAUTEUR des tableaux.		leur LARGEUR		
	pieds	pouces	pieds	pouces	
155	1	»	»	8	*Le Crucifiement de Notre Seigneur.* Petite esquisse de l'école de Rubens.
156	3	»	4	2	*Une lagune hollandaise.* Elle est exécutée de main de maître et d'une grande vérité. Elle porte le nom d'Everdingen.
157	3	4	2	6	*Portrait de femme.*
158	3	6	2	6	*Portrait d'homme couvert d'une armure en fer.*
159	4	»	5	6	*Le Parnasse.* Les figures sont de petites proportions.
160	2	8	2	4	*Esther agenouillée devant Assuérus.* Elle touche du doigt le sceptre que le Roi lui tend en signe de protection. Les figures en sont petites.
161	1	2	2	»	*Allégorie sur les suites funestes de la guerre.* Esquisse de Rubens.
162	2	2	2	8	*L'Adoration des Mages.* Les personnages sont de petites proportions. Ce tableau est peint par le flamand Branwer.
163	1	1	»	11	*Une femme faisant de la musique, en compagnie d'autres petites figures.* C'est une oeuvre remarquable de Mielis.
164	1	»	»	10	*Un Aveugle jouant d'un instrument au milieu d'une troupe d'enfans:* chef d'oeuvre de couleur et de simplicité naturelle. Il est du célèbre Ostade.
165	3	3	4	3	*Paysage servant de fonds à une bataille*, école flamande.
166	2	8	3	8	*Moïse sauvé du Nil.* Tableau qui rappelle la manière du Rembrant.
167	6	9	4	»	*Jésus sur la Croix.* Composition d'un effet touchant par sa belle couleur et par le sentiment pénétrant avec lequel il est rendu. On le doit au pinceau de Philippe de Champagne.
168	4	8	5	6	*Loth et ses filles*; de grandeur naturelle, copie d'après Gerardo delle notti.
169	2	»	2	4	*Moïse enfant foulant aux pieds la couronne de Pharaon.* Ce tableau d'un bon aspect et d'une bonne composition est exécuté en petites figures, par Lairets.
170	1	9	2	3	*Orphée qui ramène Eurydice des enfers*; personnages de petite grandeur. Il est de l'école de Rubens.
171	2	»	2	6	*Paysage, dans lequel on voit des bêtes féroces qui dévorent un cerf.* Ouvrage traité avec beaucoup d'énergie, et d'une belle couleur, par Paolo Brilli.
172	2	6	3	»	*Une forêt avec un lac.* C'est une admirable production de Royman. Le coloris en est d'une grande vigueur, et il réunit la plus rare imitation de la nature à la plus grande richesse de l'effet.
173	2	»	2	6	*Jésus Christ prêchant devant la multitude*; petites figures par Rembrant. La haute réputation de ce morceau capital est tellement répandue dans le monde artistique, qu'on pourrait se contenter d'en indiquer l'auteur. Il est toutefois impossible, en parlant de cette merveille de la peinture, de ne pas signaler l'immensité des personnages qui la composent, l'ingénieuse diversité des groupes, la variété incroyable de attitudes de chaque

2

NUM. d'ordre	HAUTEUR des tableaux (pieds / pouces)		LARGEUR (pieds / pouces)		
					individu, les airs de tête, l'expression si différente de toutes les figures, enfin le sentiment si noble et si touchant qui se manifeste d'une manière si pathétique sur la face du Sauveur.
174	1	»	1	3	*Maison de Villageois*; elle est peinte avec une grande précision. C'est une parfaite imitation de la nature; l'auteur appartient à l'école flamande.
175	1	2	»	11	*Une Déposition de Croix*; petites figures exécutées avec le plus grand soin; on y reconnait le faire de l'école flamande.
176	1	2	»	11	*Un Vieillard attentif à la lecture d'une lettre*; cette peinture réunit au suprême degré la vigueur des teintes à une parfaite imitation de la nature. La tête surtout est d'une perfection achevée. L'auteur est le célèbre Steen.
177	»	7	»	8	*Paysage enrichi de très petites figures*; il est du faire le plus soigné. On le doit au pinceau de Breugel.
178	1	9	3	»	*Vue d'une Villa*. Tableau de la plus grande vérité.
179	3	9	3	3	*Un Paysage orné d'animaux*. Il est peint par Pinaker, qui a su réunir, dans cet ouvrage, le coloris le plus énergique à une grande magie d'effet et au fini le plus recherché.
180	4	2	5	4	*Le Voyage de Jacob*, par Wandervelt. C'est un paysage orné de figures. L'auteur s'y distingue par une belle couleur et une précieuse exécution.
181	3	9	3	2	*Paysage*. C'est un chef-d'œuvre de Pinaker.
182	1	2	1	3	*Une boutique de Maréchal dans un lieu champêtre*. Ce tableau se fait remarquer par un relief extraordinaire, et une inconcevable finesse. On croit y retrouver le pinceau de Wouvermans.
183	1	1	1	3	*La Vierge surprise par l'apparition de l'Ange*. On y observe un admirable effet de lumière, et une rare finesse d'exécution. École flamande.
184	1	3	1	1	*Un chasseur vaincu par la fatigue s'abandonne au sommeil, un chien veille auprès de lui*. C'est le sujet principal de ce tableau, un des plus rares qu'on puisse trouver et de la main du fameux Metzu. On n'essayera pas d'en décrire les perfections, car les yeux qui les contemplent semblent craindre que ce ne soit qu'une illusion.
185	1	2	1	6	*La mort de Cléopatre*. Petites figures délicieusement peintes par Mielis.
186	1	2	1	9	*L'apparition du Crucifix à S. Eustache*. La scène a lieu dans un beau paysage orné d'animaux. L'exécution de ce tableau est d'un faire précieux; on l'attribue à l'école flamande.
187	1	1	1	4	*Paysage*, d'une grande beauté, dans le style de Polembourg.
188	1	4	1	2	*Un saltimbanque groupé avec d'autres figures*. Cet ouvrage se distingue par la beauté des teintes, rehaussées par une grande vérité de nature. L'exécution en est d'un précieux fini comme tout ce qui est sorti du pinceau du célèbre Jordaens.

NUM. d'ordre	HAUTEUR des tableaux.		leur LARGEUR		
	pieds	pouces	pieds	pouces	
189	1	»	1	3	Un berger avec une femme qui joue d'un instrument. Cette peinture rappelle l'école de Mielis.
190	1	»	1	1	Une famille de paysans. Ce merveilleux petit tableau peut à bon droit être cité comme un des plus parfaits ouvrages de Wouvermans. C'est un admirable assemblage des plus beaux tons qui produisent l'effet le plus piquant, et une incomparable perfection.
191	1	2	1	6	Bergers avec des vaches, tableau plein de mérite.
192	1	4	1	3	Une famille de paysans, peinture flamande.
193	2	6	3	2	Paysage; il sert de fonds à une mascarade peinte par Lingelbuck. La composition est pleine de verve et l'exécution parfaite.
194	1	9	2	9	La rencontre de Jacob avec Esaü; petites figures parfaitement traitées, dans le style flamand.
195	2	3	3	2	Une rixe dans une taverne; elle est remarquable par sa belle couleur et sa grande vérité.
196	2	2	3	6	Un glacier avec une rivière gelée. Complète imitation de la nature, dans le style de l'école flamande.
197	1	9	2	»	Paysage; admirable par la réunion des plus riches teintes, et l'exécution la plus recherchée: ce tableau est signé du nom du fameux Ruysdael.
198	1	2	1	6	Une femme qui fait paître des vaches. Excellente copie d'après Paul Potter.
199	1	6	1	3	Une bambochade. Composée de petites figures.
200	2	9	2	6	Une bataille; savamment rendue, et de l'effet le plus énergique. Peinture dans le style flamand.
201	2	6	2	3	L'intérieur d'une chambre dans laquelle se trouve une famille de personnages distingués. L'auteur a déployé dans le tableau tout ce que la palette peut offrir de tons brillans et harmonieux. L'effet en est magique, et l'exécution d'une admirable finesse. On y observe une jeune dame debout, et dont le vêtement de satin blanc produit l'illusion la plus complète. C'est un des plus précieux ouvrages de Terbourg.
202	3	2	3	9	Scène pastorale. Tableau de Carl de Moor.
203	2	6	2	»	Un joueur d'instrument, en compagnie d'une femme vêtue d'une robe de satin blanc. On ne sait ce que l'on doit en admirer le plus, ou l'effet magique de la couleur, ou la surprenante vérité de l'imitation de la nature. C'est une perle sortie du pinceau du célèbre Terbourg.
204	2	6	2	1	Les joueurs. Petites figures par Graat.
205	1	»	1	3	Bergers qui gardent des animaux; charmante copie d'après un auteur flamand.
206	1	»	»	11	Petit Paysage avec une vache et une chèvre; remarquable imitation de la nature.
207	1	»	1	3	Bergers avec des animaux; charmante imitation, dans le style flamand.

NUM. d'ordre	HAUTEUR des tableaux		leur LARGEUR		
	pieds	pouces	pieds	pouces	
208	2	»	2	6	*Intérieur d'un temple.* On y voit un nombreux auditoire assistant à un sermon. Ce tableau dont les figures sont très petites, est un admirable assemblage des plus minutieux détails d'architecture, rendus avec la plus singulière délicatesse de dessin et de couleur. Les groupes y sont spirituellement agencés et contribuent à l'harmonie générale de ce chef-d'œuvre.
209	1	9	2	3	*Abraham qui présente des dons à Melchisedec.* C'est une peinture de l'école de Rubens, et qui se distingue par la vivacité de sa couleur; l'exécution en est soignée.
210	2	»	2	9	*Paysage.* On tenterait inutilement de décrire la vérité et les beautés qu'on admire dans ce chef-d'œuvre. Wouvermans qui en est l'auteur y a représenté des groupes de chasseurs. La merveilleuse richesse du coloris, la finesse de la touche unies à l'entente la plus parfaite, sont des choses plus faciles à sentir qu'à exprimer. C'est un tableau d'une rare perfection.
211	1	9	2	6	*Le placement de la couronne d'épines sur la tête du Christ.* Admirable tableau de Téniers, parfaitement composé, d'un effet clair et brillant, et surtout remarquable par la plus complète imitation de la nature. Ce tableau est justement signalé comme un des plus précieux de ce célèbre auteur.
212	2	»	2	6	*Jésus enfant au milieu des docteurs.* Tableau de l'école flamande.
213	»	9	1	1	*Paysage avec petites figures.* C'est une peinture exécutée avec soin.
214	»	4	»	10	*Fleurs et fruits,* plus petits que nature. L'imitation est parfaite.
215	»	11	1	1	*Intérieur d'une cuisine;* exécuté à la manière flamande.
216	4	»	»	10	*Fleurs et fruits,* rendus avec une grande vérité.
217	1	»	»	10	*Intérieur d'une chambre;* on y voit trois petites figures: charmant petit tableau du faire le plus doux et rappelant parfaitement la nature.
218	1	6	1	3	*L'arrestation d'une femme;* petite copie dans le gout de Rubens.
219	1	9	1	6	*La Magdelaine;* demi-figure au dessous de la grandeur naturelle.
220	1	10	1	9	*Bacchus jeune, porté par d'autres enfans.* Copie faite par un élève de Lairets.
221	2	9	3	6	*L'intérieur d'un Cellier;* belle copie dont l'original a du être de Téniers.
222	2	3	3	3	*Paysage.* On y voit des vaches qui passent une rivière dans un bac. C'est l'œuvre de Ruisdael. L'exécution en est d'une merveilleuse vérité.
223	1	»	1	3	*Petite vue de constructions antiques.*
224	1	3	1	»	*Trois petites figures* peintes dans le style de Miell.
225	»	10	»	9	*Portrait d'une femme peintre.*
226	1	»	1	1	*Sujet inconnu,* composé de petites figures. On y remarque beaucoup de délicatesse et de vérité.
227	1	6	1	3	*L'intérieur d'une église à Morgenstern.* Ce tableau est peint avec tant de précision de perspective, l'effet en est si juste et si

NUM. d'ordre	HAUTEUR des tableaux.		leur LARGEUR		
	pieds	pouces	pieds	pouces	
					complet, qu'on ne pourrait dans une simple analyse en donner une description exacte.
228	1	»	»	9	*Portrait d'une Reine*; petite demi-figure provenant de l'école de Wan Dyck.
229	1	2	»	10	*S. François en prière.* La dimension de la figure est petite, mais elle est excellemment colorée. On y observe beaucoup de vérité. Ce tableau est peint par Dietrich.
230	»	5	»	7	*Petite vue prise sur une campagne.* L'effet en est clair, et habilement compris.
231	»	5	»	7	*Autre petite vue de même dimension*; elle représente une bataille rendue avec une vivacité de coloris, une intelligence de tons et un soin qu'on ne saurait décrire.
232	»	5	»	7	*Petit Paysage*, en pleine lumière.
233	»	10	1	2	*Un berger avec des animaux.*
234	»	10	1	2	*Même sujet.*
235	2	9	2	3	*Fleurs*, admirablement exécutées.
236	2	9	2	3	*Un Pendant.*
237	1	3	1	»	*Une Vieille qui se chauffe.* Tableau peint dans le genre flamand. L'effet en est piquant, il réunit la plus exacte vérité au fini le plus précieux.
238	1	4	1	1	*Deux petites figures.* Effet de nuit. Elles sont exécutées avec une précision remarquable. L'imitation de la nature y est parfaite. C'est un ouvrage de Skalchen.
239	1	6	2	3	*Une Cuisine*, dans la quelle on voit des animaux et des fruits. Production merveilleuse de Téniers. L'effet, le fini et l'exécution ne laissent rien à désirer.
240	1	3	1	10	*Vue d'un Port de mer, en plein calme.* Tableau plein de vérité, et traité avec un grand soin et une science merveilleuse. Il est de Cuyp.
241	1	6	2	»	*L'intérieur d'une Etable.* On y voit deux figures et des vaches. L'harmonie de l'effet, l'entente du coloris, la vérité de la nature et l'admirable précision du rendu, font de ce chef-d'oeuvre un des morceaux les plus capitaux de Téniers.
242	1	2	1	3	*L'intérieur d'un Edifice.* On est frappé de la vigueur toute particulière de ce charmant ouvrage, qui réunit à cette belle qualité l'exactitude la plus parfaite.
243	1	3	1	»	*Sujet inconnu*, de petite dimension.
244	1	»	»	10	*Copie*, d'un ancien portrait de Holbeins. Elle est fort exacte.
245	2	»	1	6	*Une déposition de Croix.* On ne peut rendre un sujet si touchant avec des teintes plus vigoureuses. L'exécution en est toutefois pleine de sentiment et de perfection. Cet ouvrage est un des plus rares de Wanderverf.
246	1	8	2	6	*Louis Quatorze recevant les clefs de la Ville de Metz.* Le coloris en est très brillant, et la composition bien ordonnée.
247	1	9	1	4	*Une Hôtellerie de campagne.* On y voit des hommes à cheval. Sujet exécuté en maître et d'une grande vérité.

NUM. d'ordre	HAUTEUR des tableaux		leur LARGEUR		
	pieds	pouces	pieds	pouces	
248	1	4	»	11	*L'Annonciation*. Les petites figures dont elle est composée, sont peintes dans un bon style. L'effet général est très lumineux, et l'exécution parfaite.
249	1	8	1	4	*Un Paysage qui représente d'anciens monumens*. On y remarque un berger qui dort. C'est un bel ouvrage de Weenix.
250	2	»	2	9	*Jeux d'Enfants*. Ce tableau du même peintre est surtout précieux par le choix des teintes, le brillant et la vivacité de la couleur: les expressions diverses y sont bien senties, et le fini en est remarquable.
251	1	9	1	4	*Une Marchande d'herbes*. On y reconnait la même touche et les mêmes qualités, étant de la main du même maître.
252	1	»	1	4	*Intérieur d'une Taverne*.
253	1	»	1	4	*Paysage avec animaux*. L'exécution en est bonne.
254	»	10	1	2	*Paysage*. La touche en est fine et vraie.
255	1	»	1	3	*Vue de la mer en calme plat*. Production d'une inconcevable vérité. Le fini en est de la plus rare perfection.
256	2	4	2	10	*Un Paysage*, par Ostade. Le nom de ce célèbre peintre dispense de décrire les beautés merveilleuses qui sont rassemblées dans cette admirable production.
257	1	2	1	6	*Un Paysage*, il est supérieur par la puissance de son coloris, et la perfection de son exécution. Il suffit de dire qu'il est de Ruisdael.
258	»	11	1	6	*Vue de la mer*: délicieux petit tableau d'une éblouissante lumière et d'un grand fini, il est de Wandervelt.
259	1	»	»	10	*Un Portrait*. Il est d'un bon effet: on y remarque une parfaite représentation de la nature: il est de l'école de Wan Dyck.
260	1	2	»	10	*Un Saint François*. Petite figure peinte avec une singulière intelligence. L'effet général en est très bon.
261	»	5	»	7	*Petit Paysage*, parfaitement rendu.
262	»	5	»	7	*Autre* du même mérite.
263	»	5	»	7	*Autre*, d'un effet piquant, et d'une grande clarté.
264	1	8	1	4	*Intérieur d'une Eglise éclairée aux flambeaux*. Il est impossible de décrire l'effet et la perfection du fini de ce chef-d'oeuvre.
265	2	6	2	3	*L'Intérieur d'une cuisine*, copie d'après un original de l'école flamande.
266	1	9	2	2	*Une Taverne; on y voit des joueurs*. L'effet en est doux et harmonieux, les teintes en sont bonnes, et la nature parait prise sur le fait.
267	2	6	2	2	*Un marché*, excellente copie d'une peinture flamande.
268	1	9	1	10	*Intérieur d'une chambre rustique. Il s'y trouve une femme et quelques animaux*. Admirable production de Téniers, remarquable surtout par un effet d'une vigueur inconcevable.
269	4	6	5	9	*La dernière Cène de Jésus Christ*. Les figures en sont moins grandes que nature. Peinture d'un bel ensemble; elle est de l'école des Caraches.

NUM. d'ordre	HAUTEUR des tableaux.		leur LARGEUR		
	pieds	pouces	pieds	pouces	
270	5	3	7	»	*Le couronnement d'épines.* Ce tableau savamment composé et d'un aspect grave et puissant, est exécuté dans la manière du Trévisani.
271	3	4	2	4	*La Naissance de Jésus Christ, annoncée aux bergers.* Les figures en sont petites; c'est un effet de nuit.
272	1	2	1	»	*Portrait d'un Guerrier.* Belle et complète imitation de la nature.
273	»	10	»	10	*Une vieille en prière.* Figure de petite proportion: fidèle imitation de la nature.
274	»	9	1	»	*L'Intérieur d'une Prison.* Petersneeff a mis dans ce petit tableau toute la précision et la délicatesse qui distinguent ses productions. C'est un précieux ouvrage de ce célèbre maître.
275	3	6	3	»	*La Résurrection de Notre Seigneur,* peinte par le fameux Wan Dyck. Les figures de cette belle composition sont petites, mais elles sont pleines d'expression; et l'effet total en est singulièrement frappant.
276	4	»	3	6	*Saint François en extase.* Cette peinture offre une réunion complète de tons parfaits, d'imitation de la nature, et d'un faire merveilleux. On le croit de l'école du peintre célèbre dont on a parlé plus haut.
277	4	2	3	2	*Jésus devant Pilate.* C'est une belle imitation de l'original qui a été peint par Gerardo delle Notti.
278	3	2	2	9	*Notre Dame,* demi-figure de grande proportion; admirablement rendue par Wan Dyck.
279	3	»	2	3	*Moïse tenant les Tables de la loi;* demi-figure de grandeur naturelle. Noble et savante représentation de la nature: c'est une œuvre bien remarquable de Philippe de Champagne.
280	1	2	1	9	*L'Intérieur d'une Église.* Petersneef a exécuté ce tableau avec cette admirable précision de perspective qui se trouve dans ses représentations d'édifices.
281	»	10	1	1	*Vue d'un village.* C'est un composé de délicatesse de pinceau, du faire le plus intelligent, et du fini le plus précieux. Il est peint par Gysels.
282	»	10	1	1	*Autre vue d'un Jardin,* même auteur.
283	»	10	1	1	*Autre représentant une Maison rustique.*
284	»	10	1	1	*Autre offrant un Paysage délicieux.*
285	»	11	1	1	*Une lagune gelée.* Merveilleuse imitation de l'hyver, elle est d'une exécution parfaite.
286	1	»	1	1	*Un Paysage dans lequel on voit des Muletiers.* Il est remarquable par sa couleur, et par une délicieuse vérité.
287	1	6	2	6	*Célébration de la Messe dans une grotte,* exécutée avec grand soin par Téniers fils.
288	2	6	1	6	*La Vierge dans la douleur.* Peinture pleine de la plus profonde expression de tristesse: l'effet en est singulièrement touchant; elle est de la main de Philippe de Champagne.
289	2	2	2	9	*Paysage.* L'effet en est excellent: les petites figures dont il est orné,

NUM. d'ordre	HAUTEUR des tableaux.		leur LARGEUR		
	pieds	pouces	pieds	pouces	
					représentent le martyre de Saint Etienne, c'est un bon ouvrage de Bramberg.
290	2	2	2	9	*L'Adoration des Mages.* Les figures en sont petites. On y reconnait le même mérite que dans le précédent tableau: il est du même auteur.
291	2	6	2	»	*Portrait d'un ecclésiastique.* Demi-figure de grandeur naturelle. C'est un ouvrage digne sous tous les rapports du pinceau de Philippe de Champagne.
292	2	»	1	6	*Petit Paysage,* on y voit *Herminie devant les Bergers*: il est exécuté dans le style du Ruisdael.
293	2	2	1	9	*Un torrent dans une forêt.* C'est le nec plus ultra de l'imitation d'une nature sauvage et variée. Il suffira de dire que cette incomparable production est de Ruisdael.
294	2	»	1	4	*Paysage*, avec petites figures exécutées d'une manière remarquable par Berghen.
295	1	6	1	3	*Jésus crucifié sur le Calvaire.* Cette petite production exécutée avec un soin infini, est d'un effet piquant.
296	2	»	1	6	*L'Adoration des Mages.* Tableau de moyenne grandeur, offrant un effet très vigoureux, joint à une délicatesse de tons qui peut le faire regarder comme une excellente copie de Rubens.
297	3	»	2	4	*Saint Bruno.* Demi-figure de grandeur naturelle, on y admire un coloris très suave, un effet tranquille et une complète représentation de la nature. C'est l'œuvre de Philippe de Champagne.
298	3	6	3	2	*La Magdeleine.* C'est un tableau original de Wan Dyck. La Sainte y est représentée en demi-figure de grandeur naturelle.
299	4	2	3	9	*La Vierge.* Elle regarde un petit *Saint Jean qui lui offre des fleurs*, tandis que *l'Enfant Jésus caresse Saint Joseph.* Cette composition est peinte dans la manière de Wan Dyck, et se fait remarquer par un bel effet, et une grande vérité.
300	3	4	2	10	*Le Sauveur.* Production d'une rare perfection. Rembrant, dans cette demi-figure de grandeur naturelle, a déployé toutes les ressources de son harmonieuse palette. Le coloris le plus parfait vient s'y réunir à la saillie la plus puissante et à une inconcevable expression.
301	1	6	2	9	*Saint Pierre dans le Prétoire.* Petite copie parfaitement imitée d'après l'original de Gerardo delle Notti.
302	3	»	2	6	*L'Adoration des Mages*; composée en petites figures terminées avec beaucoup d'effet et un grand savoir.
303	2	4	1	9	*Jésus Christ crucifié sur le Calvaire.* C'est une peinture d'un puissant relief. L'effet en est extraordinaire, et le fini sans égal. On la doit au célèbre Quarel du Jardin.
304	1	9	2	9	*Les œuvres de la Miséricorde.* Ce tableau se distingue par une grande vivacité dans les tons. Il est de Frank.
305	1	»	1	6	*L'Intérieur d'un temple.* On y retrouve l'admirable précision et la suavité de couleur qui rendent si précieux les ouvrages de Petersneef.

NUM. d'ordre	HAUTEUR des tableaux.		leur LARGEUR		
	pieds	pouces	pieds	pouces	
306	1	»	1	3	*L'Intérieur d'un hermitage.* Cet ouvrage de Téniers est plein d'une douce harmonie de couleur et d'une vérité frappante.
307	»	10	1	2	*L'Intérieur d'une église* d'un merveilleux aspect, par Petersneef.
308	1	2	1	6	*Intérieur d'une prison.* La délivrance prodigieuse de saint Pierre y est rendue par le même peintre avec un art admirable.
309	1	8	2	»	*Intérieur d'un temple gothique*; c'est une œuvre parfaite du même auteur.
310	4	6	7	»	*Saint Pierre au Prétoire*, peint par Gerardo delle Notti. Les demi-figures en sont de proportions de nature. Ce tableau offre l'assemblage le plus complet de la composition la plus variée, et d'un effet magique de lumière et de vérité.
311	2	3	3	»	*Une bataille*; sujet très bien traité par un peintre de l'école flamande.
312	2	3	3	»	*Autre Tableau* dans lequel on retrouve les mêmes qualités.
313	3	»	3	»	*Forêt*, de forme octogone: elle est parfaitement composée par Paolo Brilli.
314	2	3	2	»	*Diane chasseresse*; petit tableau bien peint.
315	1	»	»	9	*Jésus enfant au milieu des docteurs*; petites figures vigoureusement exécutées.
316	1	»	»	9	*Repas de Jésus Christ se rendant à Emmaüs.*
317	»	8	»	7	*Un cheval qui s'abreuve.* On en remarque le précieux fini.
318	2	9	3	6	*Paysage*; il est d'une très grande richesse de composition, la couleur en est admirablement rendue, par Wandervelt.
319	»	6	»	9	*Taverne avec des Fumeurs*; les petites figures sont d'une rare vérité.
320	»	7	»	9	*Petit Paysage*; on y voit une bataille.
321	»	7	»	9	*Un Pendant.*
322	1	4	1	8	*Assaut d'une forteresse*; effet de nuit: le sujet est rendu par de très petites figures.
323	1	4	1	8	*Un chasseur avec ses chiens.*
324	»	6	»	5	*Deux petits Enfans*, en petites demi-figures. Peinture très soignée, et d'une bonne couleur.
325	»	7	»	10	*Une bataille*; les figures en sont petites, mais exécutées avec une grande perfection.
326	1	9	2	»	*La Chasse au Sanglier*; petite copie d'après l'original peint par Sneiders.
327	»	7	»	10	*Bataille composée de petites figures*; L'exécution en est d'une extrême délicatesse.
328	»	7	»	10	*Un Pendant.*
329	»	7	»	9	*Un Enfant badinant avec un chien.* Petite figure d'un effet plein de grâce, et terminé avec la plus rare perfection par Moor.
330	»	11	1	3	*Une bataille*: peinte par Mowlen. L'exécution en est soignée, et l'effet remarquable.
331	»	7	»	9	*Deux petites demi-figures qui dorment.* La vérité la plus frappante s'y trouve réunie au fini le plus parfait.

3

NUM. d'ordre	HAUTEUR des tableaux.		leur LARGEUR		
	pieds	pouces	pieds	pouces	
332	1	3	1	10	La *Vierge et l'enfant Jésus*. Cette délicieuse composition se détache sur un paysage rendu avec une grande habileté. On y remarque un choix de couleur parfait et un rare fini: les petits sujets tirés de la vie de notre Seigneur, et qui entourent cette belle composition, sont traités avec le même talent.
333	3	6	3	3	*Paysage avec une chasse.*
334	3	9	5	3	*L'intérieur d'une grotte*. On y voit trois figures d'une grâce exquise. Ce tableau appartient à l'école flamande.
335	2	2	2	10	*Paysage*, d'une admirable composition; il est de la même école.
336	2	»	2	3	*Paysage*, remarquable par la richesse de sa composition, et sa bonne exécution.
337	1	6	2	2	*Une Bambochade*. L'effet en est remarquable et rappelle le faire des flamands.
338	1	6	2	2	*Un Pendant*, du même mérite.
339	2	6	3	6	*Un Paysage*. Le style en est noble et grandiose, il est inspiré dans le style du Poussin. Il représente Saint Jean Baptiste qui montre le sauveur à la multitude.
340	»	7	»	11	*Oiseaux tués à la chasse*. Parfaite imitation de la nature jointe à un précieux fini.
341	»	7	»	5	*Une femme qui puise de l'eau*. Petite figure.
342	»	11	1	2	*Une tempête*. On y voit deux vaisseaux. C'est un chef-d'oeuvre de perfection.
343	1	6	1	8	*Une Bacchanale*; elle est composée de petites figures, et peinte dans le gout de l'école flamande.
344	1	4	1	9	*Une table sur laquelle on voit des livres ouverts, et d'autres objets.*
345	1	4	1	6	*Paysage avec animaux*. On y remarque une habile exécution et beaucoup de vérité.
346	1	4	1	1	*Une famille composée de petites figures*. Elle est de l'école flamande.
347	1	2	1	3	*Une Magicienne qui commande aux esprits infernaux.*
348	3	»	3	6	*Paysage avec des troupeaux*; belle imitation de la nature.
349	1	6	1	3	*Petit Paysage, orné de figures*. Exécution intelligente et d'un grand fini.
350	»	10	»	8	*Un bossu faisant de la musique avec une vieille femme*. Cette jolie production est de l'ancienne école flamande.
351	1	1	»	9	*Saint Martin distribuant ses vêtemens aux pauvres*; belle esquisse dans le style de Rubens.
352	1	4	1	6	*Un Paysage*, saillant par la grande vérité et la grande finesse de son exécution.
353	1	3	1	6	*Autre Paysage*; il est d'une grande perfection.
354	»	9	»	7	*Petit Paysage avec une cabane*, peint dans la manière de Both.
355	»	8	»	7	*Jeux d'amours dans les airs.*
356	1	3	1	9	*Vue de la mer agitée*. Parfaite imitation de la nature, et du faire le plus précieux.
357	»	5	»	8	*Paysage*, orné de petites figures, par Michau.

NUM. d'ordre	HAUTEUR des tableaux.		leur LARGEUR		
	pieds	pouces	pieds	pouces	
358	»	5	»	8	Un Pendant, du même mérite d'exécution.
359	5	»	6	2	La décollation de saint Jean Baptiste. Les figures en sont grandes comme nature, elles sont traitées avec une rare morbidesse, et dans le style de l'école de Bologne.
360	4	6	6	6	Abraham visité par les Anges. L'effet est large et vigoureux.
361	6	9	4	10	Jésus Christ sur la croix, on y voit aussi la Magdelaine et deux saints de l'ordre de saint Dominique; les figures sont de grandeur naturelle. Production remarquable par sa parfaite exécution, Elle est de l'ancienne école de Ferrare.
362	2	3	3	»	Paysage. La composition en est très noble, et à la manière du Poussin.
363	2	11	3	6	La montée de Jésus Christ au Calvaire. Petites figures de l'école Vénitienne.
364	3	2	2	4	Beau vase de fleurs.
365	1	»	2	8	Danse de Bergers.
366	2	11	2	»	Vue de ruines antiques. L'effet en est singulièrement harmonieux.
367	1	2	2	»	⎫
368	1	2	2	»	⎬ Trois batailles. Ces tableaux sont rendus avec une grande énergie d'imagination.
369	1	2	2	»	⎭
370	2	10	3	10	Bergers gardant des Troupeaux. Cette belle production, due au pinceau du célèbre Berghem, est d'une admirable vérité de dessin et de couleur.
371	2	6	6	3	Un festin, auquel assistent de petites figures. L'exécution en est belle.
372	2	6	6	3	Une fête de bal. On y retrouve les mêmes qualités.
373	4	»	5	8	Vue de la mer en bourrasque.
374	4	»	5	6	Une marine.
375	1	8	2	»	⎫
376	1	8	2	3	⎬ Deux Paysages, et trois bambochades; ces cinq tableaux sont d'une belle exécution.
377	2	3	2	»	⎬
378	1	6	2	»	⎭
379	1	6	2	»	
380	1	10	1	5	Saint Pierre au prétoire.
381	2	3	3	»	Vue d'un village. Complète imitation de la nature.
382	1	6	2	3	Deux chevaux avec deux personnages. Cette production se distingue par la beauté des teintes.
383	2	9	2	3	Un Paysage. La composition en est riche, et le faire rappelle celui de Both.
384	2	»	2	9	Un Paysage.
385	2	»	2	9	La charité de saint Martin; peinture estimable, et de l'école flamande.
386	3	4	5	9	Paysage avec animaux. C'est un bel ouvrage d'Alexis de Marchis.
387	3	»	3	4	Paysage; on y voit un torrent.
388	4	8	6	3	Un autre, avec figures.
389	2	2	2	10	Une table sur laquelle on voit une tête de mort, et divers papiers.
390	2	11	4	2	Un Paysage avec une lagune gelée.

NUM. d'ordre	HAUTEUR des tableaux.		leur LARGEUR		
	pieds	pouces	pieds	pouces	
391	1	3	1	3	Une bambochade sur une toile circulaire.
392	1	3	1	3	Un Pendant.
393	2	»	1	6	Fruits; ils sont parfaitement imités et proviennent de l'école de Dahem.
394	2	6	2	»	Portrait; demi-figure de grandeur naturelle. Il est remarquable par une grande expression de vérité. Son auteur est flamand.
395	2	9	4	»	Port de mer, avec petites figures; charmant tableau de Bakuisen.
396	5	9	4	3	Pan qui poursuit une Nymphe.
397	3	»	4	»	Une tempête; l'effet en est prodigieux par la terreur qu'il inspire: elle est d'un pinceau flamand.
398	1	6	1	11	Paysage, exécuté avec une grande facilité.
399	1	6	1	11	Bambochade rustique. Cette composition est charmante.
400	1	6	2	»	Paysage, exécuté avec une grande intelligence.
401	1	4	1	»	Demi-figure de femme, c'est un effet de nuit.
402	1	6	2	»	Une Vue de monuments antiques. L'exécution en est remarquable.
403	1	6	2	»	Achille à Sciros; bonne copie de l'original de Rubens.
404	1	6	2	»	Paysage; il représente des ruines antiques: c'est une belle copie d'après Both.
405	6	9	5	3	L'Annonciation de la Vierge. Admirable composition en figures presque de grandeur naturelle: l'effet général est très beau, l'exécution d'un admirable fini, et les draperies d'un faire large et plein de noblesse. Ce beau tableau est peint par Philippe de Champagne.
406	1	3	2	3	Une Marine; l'auteur appartient à l'école flamande: ouvrage précieux par sa parfaite vérité et son rare fini.
407	3	6	5	9	Une bataille. L'effet en est robuste et les figures bien groupées.
408	4	3	6	6	La bataille de Constantin contre Maxence.
409	1	»	1	9	Un livre ouvert sur une table.
410	»	6	»	9	Une Crèche; petite dimension.
411	1	4	2	2	Un Paysage; belle imitation de la nature.
412	1	6	1	4	Copie, d'un paysage de Ruysdael, exécutée de main de maître.
413	1	3	1	10	Paysage, d'une composition imposante, à la manière du Poussin.
414	»	6	»	8	Sainte Cécile, elle est d'une exécution extrêmement soignée.
415	2	»	2	9	Paysage; la conception en est belle, dans le style de Lantara.
416	6	2	5	»	L'Ange visite saint Joseph. La composition de ce superbe tableau est savante, elle réunit à l'effet le plus noble la touche la plus vraie: l'harmonie y est complète et rehaussée par le large style des draperies. C'est une des productions le plus distinguées du célèbre Philippe de Champagne.
417	7	»	13	»	La dernière cène de notre Seigneur; c'est un des meilleurs ouvrages du Chevalier Lanfranco, tant par l'heureuse imitation de la nature que par le savoir de son exécution.
418	7	»	13	»	Le miracle de la multiplication des pains opérée par Jésus Christ; il est du même maître et l'on y retrouve les mêmes qualités.

NUM. d'ordre	HAUTEUR des tableaux.		leur LARGEUR		
	pieds	pouces	pieds	pouces	
419	7	3	7	3	Les Hébreux dans le désert rassemblant les Cailles. Bon tableau du même auteur.
420	7	3	7	3	Les Explorateurs de la terre promise. Pour prouver à Moïse la fertilité de cette contrée, ils lui offrent les fruits qu'ils y ont recueillis. même maitre et même mérite indiqués plus haut.
421	2	6	2	»	Saint Joseph, baisant respectueusement la main de l'enfant Jésus qu'il tient dans ses bras : cette peinture est empreinte de la suavité qui distingue l'école de Sasso ferrato.
422	2	6	2	»	La Vierge incline avec une tendre dévotion sa tête sur celle de Jésus qui dort; composition peinte par le même artiste et dans le faire de Sasso ferrato.
423	1	9	1	6	Portrait grand comme nature, à la savante finesse du dessin, et à la pureté de son exécution, on le croit un original flamand.
424	1	9	1	6	Autre portrait; mêmes qualités et même origine.
425	2	»	1	6	La mort de la Vierge, est rendue dans ce tableau en clair obscur : les figures en sont de petite proportion. On croit pouvoir l'attribuer à l'école de Bologne.
426	2	»	1	6	La vision de saint Jean l'Evangéliste.
427	2	»	1	6	Un Paysage.
428	1	3	1	»	Autre Paysage, composé dans la manière du Poussin.
429	1	6	1	3	L'Evangéliste saint Mathieu; l'inspiration céleste s'est emparée de lui, au moment où il écrit son Evangile.
430	3	3	1	3	Le sacrifice de Noé après sa sortie de l'arche.
431	1	3	1	6	La Vierge lisant en présence de l'enfant Jésus, auquel le petit saint Jean offre des fruits : on remarque dans cette composition une grande vivacité de coloris. Elle est de Romanelli.
432	2	»	1	6	Portrait de femme; ouvrage remarquable de l'école vénitienne.
433	1	3	1	2	Une sainte famille, elle est rendue avec une dévotion pleine de grâce.
434	1	3	1	6	La Vierge et l'Enfant Jésus qui prend des fruits de la main d'un petit Chérubin. Les figures sont petites, elles appartiennent à l'école vénitienne.
435	1	9	1	6	Une Tête de Didon; c'est une copie du Guerchin.
436	1	9	1	6	Deux têtes de grandeur naturelle, attribuées à l'école de Bologne.
437	1	9	2	3	(Deux petits tableaux, qui représentent des bergers gardant leurs troupeaux. Ils sont d'une bonne exécution et rappellent l'école flamande.
438	1	9	2	3	
439	1	9	2	»	Animaux avec des fruits; tableau original d'un peintre flamand.
440	5	»	4	»	La Vierge venant visiter sainte Elisabeth. Les figures sont grandes comme nature. C'est une excellente copie d'après Sebastiano del Piombo.
441	2	9	2	»	La Magdelaine en contemplation, demi-figure de grandeur naturelle.
442	2	6	2	6	La Vierge et l'enfant Jésus qui prend des fruits des mains du petit saint Jean; ouvrage dans le gout vénitien et de petite grandeur.

NUM. d'ordre	HAUTEUR des tableaux		leur LARGEUR		
	pieds	pouces	pieds	pouces	
443	1	6	1	»	Un prodige; petit tableau de l'école de Bologne.
444	6	»	4	6	Saint Pierre délivré de sa prison par un Ange; on attribue ce tableau à l'école du Guide.
445	3	»	4	»	La Vierge sur son trône avec l'enfant Jésus. On y voit saint Jean Baptiste et saint Michel; les figures sont de petite proportion et de l'école florentine.
446	7	9	5	2	L'apparition de Jésus à la Magdelaine. Les figures sont de dimension ordinaire. On y remarque une grande expression dans les caractères: l'effet en est resplendissant de lumière, et la touche noble et large.
447	7	3	5	3	Les cinq saints; ouvrage distingué de Guido Reni.
448	7	6	5	»	Armoiries soutenues et entourées par de petits Génies; attribuées à un peintre de l'école de Bologne.
449	4	6	3	6	Saint Romuald; il se présente à la porte d'un Monastère et reçoit l'aumône. Petites figures peintes par Chiari.
450	4	6	3	6	Le martyre d'un saint.
451	5	3	6	9	Sujet tiré de l'histoire de David. Ce tableau est remarquable par un grand faire, et réunit une profonde connoissance de l'art à un bel effet.
452	5	6	2	9	La Vierge avec l'enfant Jésus accompagnée de quelques Anges. Peinture du quatorzième siècle.
453	2	3	4	»	Divers animaux tués à la chasse. Ils sont rendus avec grande vérité et à la manière flamande.
454	2	6	1	9	Petite table sur la quelle on voit un vase et des viandes; tableau attribué à la même école.
455	2	9	2	»	Vase de fleurs; on y remarque de grandes mauves blanches: ce tableau est signé du nom de Giaverg.
456	3	»	2	»	Une couronne de fruits de différentes espèces: elle entoure un groupe de petites figures qui se détachent sur un fonds imitant le marbre. Ce tableau porte le nom de Zambrées.
457	1	2	1	9	Un Vase de Cristal avec une tasse et des plats.
458	1	6	1	3	Un Porc éventré et pendu à une échelle; ouvrage d'une vérité de nature et d'une précision achevée.
459	1	3	1	9	Oiseaux tués à la chasse, on y voit aussi des Poissons et des fruits.
460	1	6	2	»	Une tête de mort, et autres objets, qui rappellent la fin de la vie.
461	2	6	2	»	Fleurs, fruits et poissons. La nature y est parfaitement imitée dans le gout de l'école de Dahem.
462	3	6	2	6	Vase de fleurs, par un peintre flamand.
463	7	9	7	6	Un loup qui saisit un renard. Cet ouvrage réunit au mérite de l'exécution des deux animaux, un beau paysage.
464	3	6	2	9	Fleurs et fruits, d'une belle facture. On les doit à un pinceau flamand.
465	3	3	2	3	Paysage avec de petits animaux.
466	»	11	»	9	Une boutique de charcuterie.

NUM. d'ordre	HAUTEUR des tableaux. pieds	pouces	leur LARGEUR pieds	pouces	
467	»	11	1	3	Petites fleurs. Elles sont précieusement exécutées.
468	1	6	2	»	Fleurs avec des fruits. On y voit aussi un pâté.
469	1	6	1	»	Autres fleurs, par Wanoos.
470	1	6	1	9	Une poule blanche avec ses poussins. Ce tableau est peint d'une manière admirable.
471	1	6	1	»	Fleurs de Wanoos.
472	1	6	2	2	Fruits et huitres.
473	1	»	1	3	Petites fleurs, merveilleusement exécutées.
474	»	10	»	8	Intérieur d'une cuisine.
475	3	3	2	3	Paysage avec des animaux.
476	4	»	3	»	Couronne de fruits de différentes espèces. Cet ouvrage est très délicatement traité, et d'une grande précision de vérité.
477	7	9	12	2	Un chasseur à cheval attaque un lion. Le cavalier se fait surtout distinguer par la vivacité et l'harmonie des tons.
478	1	6	2	»	Un grand verre en cristal et des fruits.
479	2	6	1	9	Un mélange de fruits et de fleurs.
480	3	6	2	6	Un vase de fleurs; c'est une copie d'un original flamand.
481	1	2	1	6	Raisins et fraises, merveilleusement rendus.
482	1	3	2	3	Chambre rustique; on y voit des instrumens de travail et des herbes.
483	1	»	1	6	Un plateau avec des pêches admirablement imitées.
484	2	9	2	»	Raisins, fruits et poissons. L'exécution en est surprenante.
485	2	»	1	6	Fleurs, peintes avec la plus grande perfection par Wanoos.
486	2	6	1	9	Une table garnie de son linge, de fleurs et de fruits.
487	2	9	4	»	Combat de coqs, d'une grande imitation de nature.
488	7	9	7	6	Un sanglier fuyant devant les chiens qui le poursuivent. Le fonds du paysage en est très remarquable.
489	2	6	2	9	Des pigeons, d'une surprenante vérité.
490	2	6	2	9	Un coq, une poule et ses poussins; l'exécution en est parfaite.
491	5	6	7	6	Un sanglier faisant face aux chiens qui l'entourent.
492	2	5	1	5	Jésus Christ crucifié sur le Calvaire; petites figures exécutées avec une grande intelligence, et beaucoup de soin. Elles sont peintes dans la manière du Baroccio.
493	»	11	1	3	Paysage dans lequel on voit la Madone et deux chérubins.
494	1	6	1	2	Tête grande comme nature, représentant le Christ sur la croix. C'est une peinture allemande du quatorzième siècle.
495	2	»	1	6	L'adoration des Mages; petites figures: on attribue ce tableau à l'école de Carlo Maratta.
496	1	9	1	5	Sainte famille avec des Anges; petites figures qui renferment toutes les qualités de l'école lombarde.
497	2	»	1	9	Sainte famille; les figures sont de petite proportion: elles rappellent l'école florentine.
498	1	8	2	3	Agar dans le désert. Un Ange vient la réconforter. L'effet de ce tableau est d'une grande douceur, et l'exécution en est soignée. On y reconnait le style de l'école lombarde.

NUM. d'ordre	HAUTEUR des tableaux.		leur LARGEUR		
	pieds	pouces	pieds	pouces	
499	1	5	1	2	*Sainte famille.* Très petites figures; c'est une très belle copie d'après Leonardo da Vinci.
500	2	1	2	4	*Jésus conduit au Calvaire.* On y trouve une parfaite imitation de la nature.
501	5	»	4	»	*Le jeune Tobie rend la vue à son père.* Cet ouvrage se distingue par un bon ton de couleurs. L'effet est plein d'harmonie, et les expressions en sont bien senties.
502	7	»	5	»	*Guerrier*, de grandeur naturelle: un écuyer tient son cheval près de lui. C'est une peinture de l'école flamande.
503	4	6	7	»	*Un Empereur romain visite les travaux déjà commencés d'un temple qui s'élève. Un Mercure lui apparaît en signe de pouvoir plus qu'humain.* Ce tableau dont les personnages sont de demi-nature, est exécuté par Romanelli: on y reconnaît une touche habile.
504	3	»	4	3	*Saint Laurent distribuant aux pauvres les trésors de l'église*; petit tableau d'un coloris plein de vigueur.
505	6	6	4	3	*Le Sauveur dans une gloire; à l'intercession de la Vierge et de saint Roch, le Christ fait cesser la peste.* Cette belle composition du célèbre Tintoretto, brille par une douce harmonie, et un prodigieux effet de couleur.
506	4	6	5	»	*Pilate se lavant les mains se déclare ainsi innocent de la condamnation du Christ.* Ce tableau est de l'école du Cigoli: il offre un bel ensemble de la composition la plus variée. L'aspect général en est d'une extrême vigueur. Les tons y sont harmonieux, on y reconnaît une parfaite imitation de la nature.
507	7	9	14	3	*Le repas du Christ, dans son voyage à Emmaüs.* C'est une excellente copie d'après Paolo Véronèse. On croit que celui qui a ordonné cet ouvrage a voulu y être représenté avec tous les individus qui composaient sa famille.
508	6	»	4	6	*Très belle copie d'après le Titien.* On y voit la Vierge et l'enfant Jésus dans une gloire. Un saint Evêque agenouillé vers la gauche leur présente un personnage de distinction. A la droite se trouve un saint François dont l'attitude est pleine de dévotion.
509	3	»	5	2	*La Résurrection de Lazare.*
510	1	11	2	10	
511	1	11	2	10	*Quatre Vues de Vénise.* Tableaux exécutés avec une grande intelligence, et à la manière du Canaletto.
512	1	11	2	10	
513	1	11	2	10	
514	6	9	5	»	*Saint François d'Assise.* Il est représenté agenouillé dans sa grotte et contemplant le crucifix. La tête du saint est d'une merveilleuse expression de sentiment religieux. Les autres parties de la figure sont parfaites. C'est une œuvre bien remarquable de Gennari, élève du Guerchino.
515	6	9	5	»	*Saint Jérôme écrivant*; saisi par une inspiration, il se retourne

NUM. d'ordre	HAUTEUR des tableaux.		leur LARGEUR		
	pieds	pouces	pieds	pouces	
					et suspend son travail. C'est encore un fort beau tableau du même Gennari.
516	2	9	1	9	*Jésus priant dans le jardin.* Demi-figure de proportion naturelle; le style en est bon, et l'exécution savante.
517	2	6	2	»	*L'Adoration des Mages.* Petites figures de l'école de Sienne.
518	2	6	3	6	*La fuite de Clélie.* Les petites figures sont de l'école de Bologne.
519	2	9	2	3	*Sujet inconnu.* Il représente une femme avec son enfant au milieu d'un désert, et préoccupée d'une apparition céleste. C'est une petite copie d'après le Schidone.
520	4	9	6	6	*Sujet tiré de l'énéide de Virgile.* Ce tableau est de l'école française; Le fonds du paysage est très beau, et l'effet en est savamment rendu.
521	7	6	4	6	*La Vierge vient visiter sainte Elisabeth.* Cette composition, d'un style large et d'un bel effet, est due au pinceau du Muziano.
522	2	2	4	6	*Le Saint Abbé Nilo accueille l'Empereur Henri et toute sa cour.* Ce tableau est de Corrado Giaquinto.
523	5	9	8	2	*Le Massacre des Innocens,* grandes figures. Cette composition est attribuée à l'école de Bologne.
524	2	»	4	»	*Jephet retourne vainqueur des Ammonites.* Il se désespère en voyant sa fille venue la première à sa rencontre. Les figures de cette composition sont petites, mais elles sont traitées dans un bon style, et la couleur en est vigoureuse.
525	2	»	4	»	*Moïse faisant jaillir du rocher l'eau miraculeuse.* On croit cet ouvrage de l'auteur du précédent tableau.
526	1	9	1	3	*La Flagellation à la colonne.* Ancienne copie de l'original de Sebastiano del Piombo.
527	7	6	5	»	*Un Ange couronnant deux saints.* Les figures sont de grandeur naturelle. C'est une savante peinture du Pomaranci.
528	2	»	3	9	*Le Crucifiement.* Copie en petites figures d'après le Tintoret.
529	2	»	1	2	*Tête,* grande comme nature, on y remarque une grande vérité jointe à un style très large, dans la manière du Bacicci.
530	2	»	1	3	*La Vierge et l'enfant Jésus.* Fort belle copie ancienne, les figures en sont petites, le faire en est large et l'effet de couleur très satisfaisant.
531	4	9	3	11	*La fortune,* par Gessi, d'après l'original de Guido Reni son maître.
532	4	»	3	»	*Un vieillard revêtu d'une étole;* il se tourne vers la tête d'un jeune homme, qui semble lui indiquer un objet. Demi-figure d'un grand effet, surtout dans la tête du vieux.
533	2	11	3	3	*La Vierge et l'enfant Jésus, en compagnie de saint Sébastien et de saint Roch.* Figures un peu moins grandes que la nature, elles sont traitées avec soin.
534	2	3	3	»	*Les Maries,* de moyenne grandeur. Ce délicieux tableau est de l'Albano. Il est exécuté en maître; l'effet en est d'une grande douceur, et il y règne une suavité qui distingue éminemment ce célèbre peintre.

NUM. d'ordre	HAUTEUR des tableaux.		leur LARGEUR		
	pieds	pouces	pieds	pouces	
535	4	3	5	6	*Le Baptême de Notre Seigneur*, tableau composé de petites figures exécutées avec beaucoup de talent et de soin. On doit surtout y admirer la gloire composée de chérubins qui forment une couronne autour du saint Esprit, descendant sous la forme d'une colombe, sur la tête du Sauveur.
536	4	3	4	»	*La Magdelaine et deux Anges*. Belle copie de l'école du Guido Reni.
537	4	»	3	»	*Un Vieillard représentant Archimède*. Demi-figure grande comme nature. Elle est peinte avec une grande intelligence d'effet et de relief.
538	2	6	3	3	*La Crèche*. Le soin diligent de son exécution rappelle le quinzième siècle.
539	2	5	3	»	*Le repos pendant la fuite en Egypte*. Les qualités brillantes qui sont accumulées dans ce tableau autorisent à le regarder comme un des meilleurs ouvrages de l'Albano.
540	2	»	1	6	*Saint Antoine de Padoue, avec l'enfant Jésus*. Demi-figure de grandeur naturelle. Elle est attribuée à l'école espagnole.
541	2	»	1	6	*L'Incrédulité de saint Thomas*, représentée par deux têtes de grandeur naturelle : elles sont de la même école.
542	1	»	1	11	*Jésus Christ conforté par l'Ange au moment de commencer sa passion*. Deux têtes grandes comme nature; elles sont exécutées dans le faire de Lanfranco.
543	1	»	1	11	*Saint Pierre renie le Christ*. Sujet rendu avec deux têtes de grandeur naturelle et dans le style du maître indiqué à l'article précédent.
544	1	»	1	11	*Sujet inconnu*. Il est de l'école du même peintre.
545	1	»	1	11	*Deux têtes*. On a voulu représenter Jupiter et Junon.
546	1	1	1	4	*La prière de Jésus dans le jardin des oliviers*. Petites figures colorées avec un charme et un soin remarquables.
547	1	6	1	6	*Sujet allégorique*. Il représente en forme circulaire, et en figures de petite proportion, le temps qui enlève l'amour. On y retrouve le style de l'école de Bologne.
548	3	6	3	»	*Saint Jérôme faisant pénitence*. Figure de grandeur naturelle; l'effet en est bon, et rappelle l'école de Guido Reni.
549	2	6	2	3	*Copie exécutée en clair obscur*. D'après la Magdelaine De l'Albano.
550	9	»	6	6	*L'Assomption de la Sainte Vierge*. Les figures sont grandes comme nature; c'est une copie d'après le Guide, qui a été exécutée par un de ses meilleurs élèves et sous sa direction, puisque dans la tête de la Vierge, ainsi que dans d'autres parties de ce tableau, on reconnaît la touche de ce célèbre peintre.
551	4	3	2	6	*Saint Sebastien*. Demi-figure de proportion naturelle. Ce tableau se distingue par un coloris d'une pâte merveilleuse. La vérité de la nature y est exprimée d'une manière admirable; la tête est surtout pleine de vie et de sentiment.
552	3	6	2	9	*L'Ange Gardien*. Figure de grandeur presque naturelle; elle est attribuée à l'école du Guido Reni.

NUM. d'ordre	HAUTEUR des tableaux.		leur LARGEUR		
	pieds	pouces	pieds	pouces	
553	1	6	1	2	*Une sainte famille*, de l'école espagnole, et exécutée en petites figures; elle est singulièrement remarquable par l'esprit et le relief de la couleur. Les teintes en sont belles et d'un fini très suave.
554	1	6	1	2	*Une femme allaitant son enfant.* Composition de petite dimension exécutée par Salcino élève de Leonardo da Vinci. On y admire un beau pinceau, et un faire intelligent et original.
555	1	»	1	6	*L'Adoration des Mages.* L'exécution rappelle l'école vénitienne. Le coloris en est brillant, et la nature y est imitée avec beaucoup d'art.
556	1	6	1	6	*Peinture de forme circulaire.* Elle représente, en petites figures, Pan et une Nymphe.
557	3	6	3	3	*La justice et la paix.* Ces figures grandes comme nature sont d'un grand relief, d'un effet doux et harmonieux, joint à une savante exécution.
558	3	»	3	3	*Le Retour de l'enfant prodigue.* Petites figures rendues par Bassano avec toutes les qualités et le beau coloris qui lui sont propres.
559	2	»	2	6	*Trait historique de la vie de Cathérine de Médicis.* Bon tableau composé de petites figures exécutées, par un peintre de l'école florentine, à l'époque du Cigoli.
560	6	»	5	»	*L'Ange Raphaël enseigne à Tobie le moyen dont il doit se servir pour rendre la vue à son Père, en employant du fiel de poisson.*
561	3	9	3	»	*La Samaritaine au Puits*, bonne répétition d'une copie que Sassoferrato lui même avoit faite d'après l'original de Benvenuto Garofolo.
562	1	»	1	2	*Petite Esquisse*, représentant, en petite proportion, le pape saint Sixte et le diacre saint Laurent.
563	3	6	3	»	*Hérodiade.* Demi-figure grande comme nature. Elle est exécutée avec un soin et une intelligence particulière par Gennari, élève du Guerchin.
564	2	9	2	3	*Un Enfant qui tient le pied sur une tête de mort;* la figure est de grandeur naturelle. Elle est peinte avec vérité.
565	3	»	3	9	*Le jugement dernier.* Cette composition, exécutée en petites figures, est un chef-d'oeuvre de la main et du génie de Beato Angelico da Fiesole. La brieveté qu'on s'est imposée en rédigeant ce catalogue, ne permet pas de chercher à décrire toutes les merveilles de ce précieux tableau. Nous indiquerons seulement la douce et savante harmonie avec la quelle tant de différens caractères s'y trouvent si heureusement rendus. Le fini en est exquis, et le faire est d'une suavité qu'on ne saurait dignement exprimer.
566	4	3	3	9	*Sainte Catherine Vierge et Martyre.* Belle copie de grandeur naturelle d'après le Guido Reni.
567	3	»	2	6	*La Magdelaine.* Peinte en demi-figure par Guido Cagnacci; elle

NUM. d'ordre	HAUTEUR des tableaux.		leur LARGEUR		
	pieds	pouces	pieds	pouces	
					est remarquable, par son grand relief, et son admirable expression de pénitence.
568	2	»	3	»	*Amour qui dort.* Bonne copie d'après Guido Reni.
569	6	»	6	9	*Agar dans le désert est reconfortée par l'Ange.* Cet ouvrage est du Guerchin: il a su donner à ses figures un grand effet joint à une grande vérité d'expression.
570	3	3	3	»	*Le Mariage de sainte Catherine*; on y voit plusieurs saints assistant à cette cérémonie. L'exécution en est soignée et appartient à l'école de François Francia.
571	2	9	3	9	*Jésus Christ bénit les enfans qui lui sont présentés par les femmes juives.* Ce tableau rappelle le style élevé de l'école florentine. Il est savamment dessiné, et les draperies sont d'une grande noblesse. La touche en est moelleuse et facile; on admire son fini.
572	2	»	1	6	*L'Ange ordonne à Tobie de prendre le poisson.* Ces deux petites figures sont composées de main de maître par le célèbre Salvatore Rosa. L'effet en est piquant et le faire hardi.
573	1	9	1	9	*Une Mosaïque.* Elle représente en petites figures une déposition de croix.
574	4	6	3	9	*Portrait d'homme*, demi-figure grande comme nature. Elle offre un beau coloris et une belle imitation.
575	2	9	4	»	*Jésus Christ donne à saint Pierre le pouvoir d'absoudre et de délier sur la terre.* Le sauveur est assisté de trois figures qu'on croit être les vertus théologales. Elles sont plus petites que nature. C'est une copie d'un ancien original de l'école vénitienne.
576	1	6	1	3	*Jésus déposé de la croix est étendu aux pieds de la Vierge.* Ce tableau, d'un grand effet, et d'une savante exécution, est de l'école des Caraches.
577	3	9	2	6	*La Piété.* Petite copie d'après Sébastien del Piombo.
578	2	»	2	9	*Quatre figures de Saints.* Ils portent des vêtemens d'or ornés de riches broderies. Ces figures semblent avoir appartenu à un tableau d'une grande composition. On les croit de l'école vénitienne.
579	5	6	4	9	*La Vierge sur son trône.* Elle tient l'Enfant Jésus. On y voit aussi trois saints. Les figures sont un peu au dessous de nature. Ce tableau peint par Cola dell' Amatrice, offre une exécution soignée, le coloris en est clair et très harmonieux.
580	4	6	3	6	*Un Portrait de vieillard qui tient un livre dans ses mains.* Admirable production de Ribera dit l'Espagnolet.
581	4	6	3	6	*Ribera peint par lui même.* C'est l'oeuvre d'un pinceau inimitable.
582	1	3	»	9	*Saint Antoine de Padoue.* Il tient l'enfant Jésus dans ses bras.
583	1	6	»	9	*La mort de saint Joseph.* Petit tableau d'une bonne exécution.
584	3	»	4	»	*Paysage*, richement composé et d'un faire savant, dans la manière de l'école de Bologne. Le sujet est le parradis terrestre.

NUM. d'ordre	HAUTEUR des tableaux pieds	pouces	leur LARGEUR pieds	pouces	
585	1	3	1	»	*Petite bambochade.* Jolie composition dans le gout flamand.
586	1	3	1	»	*Petite vue agreste*; elle est exécutée dans le genre du Poussin: on y voit un saint Bruno qui médite sur un crucifix.
587	4	3	4	»	*Un Portrait de noble vénitien*; demi-figure grande comme nature. C'est un bel ouvrage du Tintoret.
588	3	6	2	9	*Portrait*; il est de l'école de Bologne: son exécution est fine et pleine de vérité.
589	1	2	1	»	*Adam et Eve chassés du paradis.* Ces petites figures sont peintes dans une couronne de fleurs. Le style rappelle celui de l'école de Bologne.
590	»	10	»	8	*Pilate se lavant les mains rejette sur les juifs la condamnation du Christ.* Petite composition bien rendue d'après l'original d'Albert Durer.
591	1	2	»	10	*Jésus portant sa croix.* Tête plus petite que nature et qu'on attribue à l'école de Bologne.
592	6	»	4	»	*Saint Charles Borromée, à genoux et priant.* Ouvrage d'Annibal Carache, qui se distingue éminemment par une grande force de coloris et un grand sentiment de dévotion. La figure a la proportion de la nature.
593	4	»	4	6	*Sémiramis, que deux Esclaves parent de ses ornemens, reste surprise à la nouvelle de la rebellion des Babyloniens.* Les demi-figures sont de grandeur naturelle. Raphael Mengs a déployé dans cette belle composition tout ce que sa riche palette a pu lui fournir de tons brillans et harmonieux. Le dessin est remarquable par sa pureté, et l'exécution est savante. C'est un des ouvrages les plus estimés de ce peintre.
594	4	3	4	»	*Portrait d'un Géographe*, demi-figure grande comme nature; le coloris produit un bel effet: c'est l'oeuvre de Paris Bourdon.
595	3	6	2	9	*Un Portrait d'homme.* C'est une merveilleuse peinture du Titien. On s'abstient d'en détailler les beautés.
596	1	2	»	9	*Jésus couronné d'épines*; tête un peu moins grande que nature; elle est d'un bon effet.
597	1	3	1	»	*La Sainte Vierge.* Son attitude est pleine de dévotion. Marcello Venusti a peint cet ouvrage avec un grand soin. Le dessin et le coloris sont dignes d'éloges.
598	1	3	1	»	*La Prédication de saint Jean Baptiste.* Petites figures exécutées en maitre par Salvatore Rosa.
599	»	9	»	9	*Tableau circulaire. Il représente la fuite en Egypte.* Il parait être de l'école de Bologne.
600	1	»	1	6	*Le Martyre de saint Etienne.* Le fonds de cette composition est digne d'être remarqué par son aménité. Les petites figures y sont traitées avec une grande vivacité de coloris, et un soin bien remarquable.
601	4	»	2	9	*Sardanapale buvant*; demi-figure grande comme nature: on la croit de l'école de Bologne.

NUM. d'ordre	HAUTEUR des tableaux (pieds)	(pouces)	leur LARGEUR (pieds)	(pouces)	
602	4	»	3	»	*Saint Charles Borromée agenouillé et priant*, petite copie de l'original d'Annibal Carache dont on a parlé au numéro 592.
603	5	»	8	6	*Le jugement dernier.* Le Tintoret s'est surpassé dans la poétique fantaisie, avec la quelle est peinte cette admirable composition.
604	2	9	4	»	*Paysage.* Il est d'une très grande richesse de nature. La scène représente la fuite en Egypte. On l'attribue à l'école vénitienne.
605	2	9	4	»	*Autre Paysage.* Il offre les mêmes qualités du précédent. On y voit Pyrrhus, transporté d'une rive à l'autre sur un fleuve rapide.
606	»	10	1	1	*L'Adoration des Pasteurs.* Petites figures, copiées d'après l'original du Parmigianino.
607	1	»	1	6	*Le dernier repas de notre Seigneur.*
608	»	7	»	9	*La Vierge et l'enfant Jésus*; petite copie d'après Jean Bellin. Elle est de l'école allemande.
609	»	9	»	7	*La Vierge et l'enfant Jésus; se caressant l'un l'autre.* Ce petit tableau est composé d'une manière extrêmement gracieuse. Le faire en est singulierement soigné, et bien compris.
610	»	9	»	7	*Même sujet* composé avec une ingénieuse nouveauté. Il parait être peint en effet de nuit. On y retrouve toute la touche soignée et puissante de Morillo.
611	»	10	»	9	*Cléopatre*; demi-figure que l'on peut assigner à l'école de Bologne.
612	»	11	»	9	*La Vierge et l'enfant Jésus et saint Joseph*; petite composition dans le style du quinzième siècle.
613	»	9	»	7	*Sainte Catherine, vierge et martyre; deux anges détachent des feuilles d'un Palmier pour les lui offrir.* Charmant petit tableau du Parmigianino.
614	»	10	»	8	*La Vierge encore jeune, s'occupe à des travaux d'aiguille. Elle est accompagnée de Chérubins*: délicieux petit tableau plein de grâce et d'esprit, peint par Guido Reni.
615	»	9	»	7	*La Vierge et l'enfant Jésus; sainte Catherine est agenouillée devant eux.* Cette petite composition d'un admirable fini, est peinte par l'Albano.
616	4	3	4	»	*Un Portrait.* Demi-figure de grandeur naturelle; il est d'un superbe effet de couleur.
617	2	3	1	9	*Tête de personnage inconnu*; grande comme nature.
618	2	3	1	9	*Autre tête*; même proportion.
619	2	»	1	9	*Une femme avec un enfant*; demi-figures: elles sont de l'école de Bologne; parfaite imitation de la nature: c'est une oeuvre accomplie, de dessin, de coloris et de relief.
620	1	6	1	3	*La Vierge et une sainte religieuse de l'ordre de saint François*, petites figures de l'école du Guerchin.
621	1	»	1	6	*Jésus priant dans le jardin*; petite figure dans le style du Trevisani.
622	3	6	5	3	*La Charité*; elle est de grandeur naturelle et de l'école des Caraches.
623	3	3	2	6	*Saint Jean Baptiste dans le désert.* Superbe copie de grandeur naturelle d'après l'original de Michel Ange de Caravage.

NUM. d'ordre	HAUTEUR des tableaux.		leur LARGEUR		
	pieds	pouces	pieds	pouces	
624	3	»	2	6	*Une sainte Famille*, grande comme nature. Ecole florentine.
625	2	9	2	»	*Bataille*; elle est d'un grand effet, et son exécution est digne d'un maître.
626	2	9	2	»	*Même sujet* et même mérite.
627	1	6	1	»	*Un saint Evêque faisant l'aumône*; bonne copie d'après un original de l'école de Bologne.
628	3	3	4	3	*Saint Sébastien pansé par de pieuses Matrones*; tableau savamment composé et d'un bel effet par le Calabrèse.
629	2	6	4	3	*La déposition du Sauveur au Tombeau*; bel ouvrage attribué à l'école des Caraches.
630	8	6	5	6	*La Vierge avec l'enfant Jésus sur son trône*. Quatre des principaux docteurs de l'église y sont merveilleusement représentés. Cette majestueuse composition offre un chef-d'oeuvre de l'ordre le plus élevé tant par la grandeur et la noblesse avec lesquelles sont rendus les personnages de cette admirable scène, que par la beauté du dessin et la vigueur du coloris. La sublimité de ce tableau est telle que, bien qu'il soit de la main du Pordenone, il parait en tous points digne du célèbre Titien.
631	3	3	2	9	*La Vierge avec les Maries en désolation sur le Calvaire*; Ce groupe semble avoir fait partie d'un grand tableau du même sujet: on l'attribue à l'ancienne école allemande.
632	3	»	2	6	*Sainte Cécile*. Ouvrage d'un bel effet, et de l'école de Bologne.
633	1	6	1	»	*Jésus enfant, caressant le petit saint Jean Baptiste*. Demi-figures grandes comme nature et de l'école du Corrège.
634	2	9	2	9	*Ce Tableau circulaire représente la Vierge avec l'enfant Jésus*. Il est peint à la manière de l'école lombarde, et singulièrement remarquable par l'élégance des formes, le relief et la vigueur des teintes.
635	1	6	1	»	*Saint Jean Baptiste enfant tenant dans ses bras l'agneau symbolique*: demi-figure plus petite que nature.
636	1	3	1	»	*Les Bergers visitant la Crèche*; petit tableau d'un joli effet.
637	1	6	»	9	*Jésus déposé par des Anges dans son tombeau*. Petites figures qui rappellent l'école des Caraches. L'exécution en est pleine d'intelligence. La précision s'y trouve réunie à un effet très harmonieux.
638	1	9	1	3	*La Magdelaine aux pieds du Christ chez le Pharisien*: on y observe une grande exactitude dans le faire; le coloris en est puissant. L'auteur est de l'école de Ferrare.
639	1	9	1	3	*La Visite de la Vierge à sainte Elisabeth*. Peinture égale en tous points à celle décrite plus haut.
640	1	9	2	9	*Jésus enfant au milieu des docteurs*. Ce tableau est composé et exécuté dans le gout de Jean Bellin; la nature y est bien imitée, soit dans son fini, soit dans la vigueur de son coloris.
641	3	»	2	»	*La Sainte famille*; un peu au dessous de la nature; la force et la pâte de sa couleur rappellent l'école de Leonardo da Vinci.

NUM. d'ordre	HAUTEUR des tableaux.		leur LARGEUR		
	pieds	pouces	pieds	pouces	
642	5	6	3	9	*Le Sauveur déja mort est soutenu dans les airs par une groupe d'anges.* Cette composition, admirablement enlacée, offre un très bel ensemble de groupes et de couleur. Elle est de l'école lombarde.
643	2	3	2	»	*La Vierge avec l'enfant Jésus et deux saints*; la manière de faire en est belle et soignée dans le style de Jean Bellin: on doit remarquer l'ajustement de la Vierge, dont les draperies sont grandioses et simples tout à la fois.
644	2	9	3	6	*L'Adoration des Bergers.* Admirable production de Giorgione. Les petites figures en sont traitées avec un grand savoir. La couleur s'y distingue par une force peu commune; le dessin en est d'une grande correction, et l'exécution tout à fait remarquable. Il régne dans ce beau tableau un grand aspect de vérité, qualité qu'on retrouve aussi dans le noble paysage qui sert de fonds à la scène.
645	2	9	2	3	*Jésus flagellé à la colonne*; ancienne copie de petite dimension d'après l'original de Sebastiano del Piombo; l'exécution en est bonne et la couleur très vigoureuse.
646	4	3	3	6	*Une sainte famille.* Les figures en sont plus petites que nature; elles sont bien colorées et bien exécutées. Cet ouvrage appartient à l'école de Ferrare.
647	3	6	2	6	*La Vierge et l'enfant Jésus.* Belle composition pleine de noblesse, les draperies sont bien peintes et d'un bon style. Ce tableau est de l'école de Leonardo da Vinci.
648	2	3	1	9	*Jésus est montré au peuple.* Sujet bien conçu, et d'un bon effet. L'exécution en est pleine de vérité.
649	3	6	2	9	*Sainte famille*; de grandeur un peu au dessous de nature: copie exécutée avec beaucoup de soin d'après André del Sarto.
650	2	3	3	3	*La créche de notre Seigneur*; petites figures diligemment exécutées sur un fond de Paysage. Tableau de l'école de Ferrare.
651	2	6	1	6	*Une sainte Martyre*; figure noblement drapée: la couleur en est puissante. Cet ouvrage, d'un auteur incertain, appartient au quinzième siècle.
652	2	9	2	»	*La Résurrection du Sauveur.* Les figures en sont petites et de l'époque indiquée plus haut.
653	3	»	4	»	*Sainte Cécile refusant de sacrifier aux Idoles*, très fidèle copie de l'original du Dominiquin.
654	2	6	2	»	*La créche de notre Seigneur*, effet de nuit dans la manière des Zuccheri; c'est un ouvrage bien conduit.
655	2	6	1	9	*Une femme avec une multitude d'enfans*; cette composition représente sans doute la charité. Peinture dans le style du Parmigianino.
656	8	3	6	6	*La créche de notre Seigneur*; composition, de figures grandes comme nature, peinte par Pierino del Vaga, un des meilleurs éleves de Raphael. Cet ouvrage si rare et si remarquable rap-

NUM. d'ordre	HAUTEUR des tableaux.		leur LARGEUR		
	pieds	pouces	pieds	pouces	
					pelle au suprême dégré les maximes et l'admirable style de son incomparable maitre.
657	3	9	5	6	*Saint Antoine de Padoue reçoit les caresses de l'enfant Jésus*. Bonne composition bien exécutée, et d'un bon effet de couleur, par un artiste de l'école espagnole.
658	2	»	5	6	*Le dernier repas du Christ*. Superbe copie d'après Leonardo da Vinci.
659	8	3	4	9	*La naissance de la Vierge*; les figures en sont grandes comme nature; c'est une excellente copie de l'original peint par Annibal Carrache.
660	3	»	2	9	*Sainte Véronique*; belle peinture bien conduite et d'une belle exécution par Guido Cagnacci.
661	2	9	2	»	*Le Mariage de sainte Catherine*; la composition, le dessin et l'exécution en sont remarquables.
662	1	9	2	9	*Les Bergers adorant la crèche de Jésus*.
663	3	3	4	3	*Saint Joachim présentant un Agneau au grand Prêtre*. La composition est formée de petites figures exécutées dans un bon style, et d'un coloris aussi soigné que vigoureux.
664	1	»	»	9	*Saint François en méditation*; petite demi-figure de l'école de Bologne. L'effet en est bon, et l'exécution bien traitée.
665	»	8	»	10	*Saint Jérome dans le désert*. Petite figure d'un peintre flamand; le coloris en est très vif.
666	»	8	»	11	*La Magdelaine*, de petite proportion, de l'école d'Annibal Carrache.
667	»	11	»	9	*La Vierge avec l'enfant Jésus*. Petite demi-figure dans le style du Schidone.
668	»	11	»	9	*Une sainte famille*, petite composition.
669	1	2	»	9	*Saint François de Sales, en prière*. Petite copie exécutée avec beaucoup de grâce d'après l'original de Carlo Maratta.
670	»	9	»	7	*Sainte famille*, composée en petites figures; elle appartient au quinzième siècle.
671	8	»	5	6	*Notre dame dans une gloire, et deux saints de l'ordre de saint François*. Cette composition se distingue par un style large, une belle expression de vérité et une grande science. Elle réunit aussi le mérite d'un bel effet à une harmonie complète.
672	»	10	»	10	*La déposition de Jésus dans le tombeau*; petites figures éclairées par un effet de nuit. Tableau de mérite, de l'école du Bassano.
673	1	»	1	3	*L'Adoration des Mages*; c'est un bel ouvrage de Balthasar Peruzzi.
674	»	8	»	11	*Nymphe en fuite*; peinture de l'école flamande.
675	»	10	»	7	*La charité*; petite demi-figure composée avec des groupes de petits enfans; ouvrage exécuté avec beaucoup d'effet, et un soin tout particulier par Philippe Lauri.
676	3	»	2	9	*La Vierge et l'enfant Jésus accompagnés de Saints*. La composition de ces différentes figures, un peu moins grandes que nature, est tout à fait remarquable par son enlacement. L'effet en est vif, lumieux et d'une belle exécution.

NUM. d'ordre	HAUTEUR des tableaux		leur LARGEUR		
	pieds	pouces	pieds	pouces	
677	3	»	2	6	*La Vierge*, figure moins grande que nature: c'est une ancienne copie bien faite d'après un original d'André del Sarto.
678	3	3	2	9	*La crèche de Jésus*; le coloris en est brillant, et, bien que d'un peintre flamand, on y reconnait toutefois l'école italienne: on est surtout frappé de la grâce avec la quelle est peinte la figure de la Vierge agenouillée.
679	2	»	2	9	*Une sainte Famille*; on y remarque des figures de Saints. Ce tableau est coloré avec vivacité et harmonie. Il appartient à l'ancienne école vénitienne.
680	1	6	2	»	*La Vierge, l'enfant Jésus et plusieurs Saints*; petites figures bien colorées et de l'école du Titien.
681	1	2	1	9	*L'Adoration des Bergers*; petite composition d'un effet de nuit. Elle est attribuée à l'école lombarde.
682	2	9	2	3	*Portrait d'un Guerrier*, de grandeur naturelle; ce bel ouvrage de Bronzino se distingue par la vivacité de son effet, par la grande saillie qui s'y trouve réunie à une parfaite vérité.
683	2	9	2	3	*Portrait de femme*, du même maître et qui offre les mêmes qualités.
684	4	»	3	3	*Une sainte Famille*; copie de grandeur naturelle d'après un original de Raphael.
685	4	»	3	3	*Autre sainte Famille*, copie d'après le même maître.
686	2	3	1	9	*Une femme avec un enfant*; un peu andessous de la nature: ce tableau est peint avec beaucoup de vivacité, et d'un rare fini. Il est d'un auteur flamand qui s'est inspiré de la manière de Leonardo da Vinci.
687	3	»	2	3	*Sujet de dévotion.*
688	3	»	3	9	*La crèche de notre Seigneur*; petites figures de l'école de Jules Romain.
689	2	9	2	3	*Sainte Famille avec sainte Catherine et saint François.* Petites figures de l'école de Sienne.
690	2	»	1	3	*La Vierge et l'enfant Jésus*; tableau composé de petites figures dans le faire de Leonardo da Vinci.
691	2	2	1	9	*Le Centurion aux pieds de Jésus Christ*: petite composition qui, par la largeur de son style et le ton de sa couleur, rappelle l'école florentine.
692	1	2	1	9	*Le Baptême et la Prédication de saint Jean*; ces petites figures d'un faire assez vigoureux le font attribuer à l'école de Ferrare.
693	1	6	1	»	*Un Neptune*; ce petit ouvrage d'une bonne et savante manière appartient à l'école de Bologne.
694	1	6	1	3	*La crèche du Sauveur.* Copie de l'original du Corrége, qu'on appelle ordinairement: la nuit du Corrége.
695	1	3	1	»	*Une sainte Famille*: elle est habilement rendue par le Rosso de l'école de Ferrare.
696	1	3	1	9	*Jésus du milieu de la Barque, instruit la multitude.* Tableau de l'école de Ferrare au quinzième siècle.

NUM. d'ordre	HAUTEUR des tableaux (pieds)	(pouces)	leur LARGEUR (pieds)	(pouces)	Description
697	1	9	1	6	*La Vierge et saint Joseph adorant l'enfant Jésus endormi.* Petites figures rendues avec soin et beaucoup d'esprit; on les attribue à un peintre de l'école de Ferrare.
698	3	6	2	9	*Une sainte Famille*, de grandeur naturelle, composée et peinte à la manière des florentins: elle est remarquable par sa vive harmonie, et la perfection du fini.
699	1	3	2	6	*Une sainte Famille* composée de figures un peu andessous de la demi-nature: son relief, et sa force d'éxécution, font penser qu'elle est de l'école de Jules Romain.
700	8	6	5	2	*Jésus crucifié sur le Calvaire*; les figures sont moins grandes que nature. On a jugé superflu de décrire ici toutes les qualités qui brillent dans ce tableau, où l'on admire la belle entente de la composition, la noblesse des personnages, et la parfaite exécution de cette scène de douleur. Les artistes et les amateurs des arts savent, d'ailleurs, que cette sublime peinture fut exécutée par Raphael, pour la ville de Città di Castello.
701	3	6	5	»	*Saint Joachim et sainte Anne*; le coloris en est vigoureux, et l'éxécution d'une grande fermeté.
702	3	9	2	9	*Une sainte Famille.* Les figures sont grandes comme nature, le dessin est pur, le ton général en est vigoureux, et le clair obscur parfaitement compris. On doit ce tableau à l'école d'André del Sarto.
703	3	9	3	2	*Une sainte Famille.* On l'appelle ordinairement la belle Jardinière. C'est une belle copie de l'original de Raphael.
704	3	9	3	2	*Une femme avec trois enfans*; ce sujet allégorique est exécuté par un peintre de l'école de Bologne, mais à la manière florentine. Les figures sont plus petites que nature.
705	1	6	1	2	*Une Tête*, de grandeur naturelle, peinte par Pierre de Cortone.
706	1	3	1	»	*Un Prêtre assistant un moribond dans une Prison.* Ouvrage composé de petites figures.
707	1	2	»	11	*La Présentation au Temple*; le coloris en est bon; ce tableau est de l'école de Ferrare.
708	»	11	»	9	*Deux Anges*, de petite proportion. Le style en est large et la couleur ne manque pas d'une certaine force.
709	»	10	»	7	*Jésus crucifié*, on voit à ses pieds la Vierge et saint Jean Baptiste. Les figures en sont petites, et traitées dans le gout de l'école de Michelange.
710	»	10	»	8	*La Vierge et l'enfant Jésus*; petit tableau d'un effet vigoureux, à la manière de Murillo.
711	»	11	»	9	*Deux Anges*; petites figures qui ont le mérite d'un style large et d'un coloris robuste.
712	1	2	»	10	*Saint Sebastien*; petite demi-figure, que Carlo Dolci a rendue avec un bel effet et une admirable morbidesse.
713	1	2	»	10	*La Vierge est tombée évanouie aux pieds du corps de son fils mort*; elle est assistée de saint Jean et de la Magdeleine. Ce

NUM. d'ordre	HAUTEUR des tableaux		LARGEUR		
	pieds	pouces	pieds	pouces	
					petit tableau est de la main d'Annibal Carrache, qui y a déployé un sentiment admirable et un grand fini d'exécution.
714	1	6	1	2	*La crèche de Jésus*; les petites figures, dont elle est composée, montrent avec quel soin et quelle intelligence Benvenuto Garofalo exécutait ses ouvrages.
715	1	6	1	3	*Une petite Esquisse*; elle représente un sujet inconnu et appartient à l'école de Carlo Maratta.
716	1	4	1	2	*Saint Bruno méditant dans un beau Paysage.* C'est un bel ouvrage de Mola.
717	1	6	1	3	*Jésus en Croix sur le Calvaire*, on y voit aussi la Vierge Marie et d'autres figures. Ce tableau est de l'école de Bassano.
718	1	3	»	11	*Apparition de la Vierge à saint Jérome.* Copie faite par un peintre de l'école de Bologne d'après le Tintoret. Les figures en sont petites et l'effet en est plein d'énergie.
719	3	»	2	3	*La Magdeleine*; demi-figure.
720	2	9	2	3	*Saint Roch*; cette peinture offre un vigoureux coloris, et son effet est d'une grande hardiesse, à la manière de Michelange de Carravage.
721	3	2	2	3	*La naissance de la Vierge*; composition de beaucoup de petites figures.
722	3	»	2	3	*L'Adoration des Mages*; tableau de l'école napolitaine; il est exécuté vigoureusement et d'une grande liberté de pinceau.
723	1	6	2	3	*Prière de Jésus au Jardin.* L'effet en est satisfaisant et à la manière du chevalier d'Arpino.
724	1	9	2	6	*Sainte Lucie attachée à des bœufs en fureur.* Tableau d'une exécution soignée et de l'école d'André del Sarto.
725	3	»	2	2	*Saint Sébastien.* Demi-figure de grandeur naturelle; le faire en est hardi: elle appartient à l'école napolitaine.
726	4	6	3	6	*Une sainte famille*; les figures grandes comme nature, sont savamment composées et exécutées avec une rare perfection par Masiotto Albertinelli, compagnon et imitateur de Fra Bartolomeo da San Marco.
727	3	9	2	6	*La Magdelaine*; demi-figure de grandeur naturelle; elle est d'un effet plein de vigueur. Ce tableau appartient à l'école florentine et de l'époque du Cigoli.
728	1	6	1	3	*La Vierge et l'enfant Jésus.*
729	1	2	1	»	*Un Enfant qui joue*; demi-figure copiée d'après un original exécuté dans le style de Leonard de Vinci.
730	1	2	1	»	*Un Pendant.* Il représente Saint Jean Baptiste enfant. On y remarque beaucoup de vérité jointe à un effet robuste, il est dans la manière de Michelange de Carravage.
731	1	3	1	2	*Agar renvoyée par Abraham*; ouvrage exécuté avec soin.
732	»	4	»	3	*Profil d'une petite tête de femme.*
733	»	4	»	3	*Portrait de femme*, exécuté en petite dimension et avec beaucoup de soin.

NUM. d'ordre	HAUTEUR des tableaux.		leur LARGEUR		
	pieds	pouces	pieds	pouces	
734	»	4	»	3	*La Vierge en douleur.* Très petite demi-figure composée avec grâce et agréablement colorée.
735	2	6	7	3	*Passage miraculeux des Hébreux à travers la mer rouge où les Egyptiens restent submergés.* Ce tableau offre de petites figures rendues avec une intelligence et une délicatesse remarquables. On l'attribue à l'école florentine, car il porte les caractères de la renaissance de l'art qui a eu lieu dans cette école. Toutefois, on croit pouvoir lire le nom de Raphaël écrit en abrégé, sur le bras droit d'un soldat, dont la moitié du corps plonge dans les eaux; en effet on trouve dans cet ouvrage quelques unes des qualités qui rappellent ce maître si renommé, même dans les productions de sa première jeunesse.
736	»	9	»	5	*Hercule étouffant Antée.*
737	»	7	»	6	*Petites figures.* Exécutées avec précision, à la manière de l'école de Ferrare.
738	»	8	»	6	*Une Sainte Martyre*; très petite figure exécutée dans le style de Pierre de Cortone.
739	4	6	4	»	*Plusieurs figures de femmes*, de grandes proportions. Une d'entre elles tient un panier. Ce groupe faisait partie d'une grande peinture représentant la visite à sainte Elisabeth; ouvrage exécuté sur mur par Sebastiano del Piombo. Ces admirables figures ont été transportées sur toile. Elles frappent merveilleusement le spectateur par le style large et savant de leur exécution.
740	4	6	6	»	*La visite à sainte Elisabeth.* Partie principale de la peinture indiquée ci-dessus.
741	4	6	3	6	*Un Vieillard livré à une profonde méditation*, grande figure qui appartient à la même composition de Sebastiano del Piombo.
742	3	»	2	3	*La prière de Jésus au jardin*; les figures en sont petites. C'est un effet de nuit.
743	2	9	1	6	*Jésus Enfant au milieu des docteurs.* Petit tableau vigoureusement traité.
744	3	9	2	»	*Le Couronnement de la Vierge*; belle et riche composition qui offre de belles teintes et une grande intelligence dans le faire.
745	2	6	1	9	*L'Assomption de la Vierge*; tableau bien remarquable par sa belle entente de composition et la vigueur du coloris; il est de l'école napolitaine.
746	2	9	2	3	*La Crèche de Jésus.* Ouvrage d'un exécution soignée et d'un vif coloris: il rappelle l'école florentine.
747	4	3	3	»	*Saint François*, de grandeur naturelle. Le Saint est soutenu par un Ange: on y remarque un bel aspect de vérité.
748	4	3	3	3	*Une sainte famille*, un peu moins grande que nature; l'effet général en est bon.
749	4	3	3	»	*L'Amour qui triomphe de Jupiter représenté sous la forme d'un*

NUM. d'ordre	HAUTEUR des tableaux (pieds)	(pouces)	leur LARGEUR (pieds)	(pouces)	
					aigle. Tableau composé de figures grandes comme nature et exécuté avec une belle entente de peinture.
750	3	3	2	3	*Saint Jérome dans le désert*. Ebauche bien précieuse dans la quelle on reconnait l'admirable pinceau de Leonardo da Vinci, surtout dans les parties les plus terminées, comme la tête, le col et le commencement du bras droit. Cette peinture est d'une grande rareté.
751	2	6	1	9	*La Crèche de Jésus*, copiée d'après une des tapisseries de Raphael.
752	3	2	2	3	*Même Sujet*, d'auteur incertain.
753	1	2	»	9	*Une Sainte Martyre*; bonne copie d'après un original de Léonard de Vinci.
754	1	»	1	6	*La Vierge, l'Enfant Jésus et les Saints Apôtres Pierre et Paul*. Ce tableau appartient à l'école de Jean Bellin.
755	1	2	»	9	*Saint François*, petite demi-figure. C'est une bonne copie d'un original d'Annibal Carrache.
756	2	9	2	6	*Portrait d'un noble Vénitien*. Peinture de l'école du Titien.
757	2	9	2	3	*Portrait d'un personnage en Toge*. On y voit un petit Ecureuil: cet ouvrage d'une savante exécution, présente une belle imitation de la nature et dans le style de Raphael.
758	1	9	2	»	*L'Adoration des Mages*; petites figures exécutées et composées de main de maitre.
759	3	6	2	9	*Un Lévite*, demi-figure de grandeur naturelle. Elle est d'un effet vigoureux et dans la manière du Michelange de Carravage.
760	3	3	2	6	*Un Ange*. Il est d'une savante précision et rappelle le faire de l'école florentine.
761	3	»	2	3	*La déposition du Christ dans le sépulcre*. Belle copie et d'un bon effet d'après Annibal Carrache.
762	2	9	2	2	*L'adoration des Bergers*. Savante composition d'un fort bel aspect; de l'école de Bologne.
763	»	8	»	6	*Petit Portrait de Michelange*, il est habilement rendu.
764	»	8	»	7	*Saint Pie V*. Petite figure bien colorée.
765	»	3	»	6	*Dessin de deux têtes d'enfans*; petite copie bien faite d'après Leonardo da Vinci.
766	»	3	»	5	*Petites figures allégoriques*, bien exécutées.
767	1	4	»	11	*L'Annonciation de la Vierge*, petite copie d'après l'original du Baroccio.
768	1	3	1	»	*La Vierge et l'enfant Jésus*. Petite composition de l'école de Carlo Maratta, dans le style lombard.
769	1	4	1	»	*Saint François*, savante peinture du Chevalier D'Arpino.
770	3	»	4	»	*Le sacrifice d'Abraham*, demi-figures de grandeur naturelle.
771	6	»	4	6	*Fleurs et Fruits*, d'une grande vérité de nature, et dans la manière du Spadino.
772	4	9	3	3	*Une sainte Famille*, de grandeur naturelle, savamment peinte par le Schidone.
773	7	6	4	8	*Le dernier repas du Christ*.

NUM. d'ordre	HAUTEUR des tableaux.		leur LARGEUR		
	pieds	pouces	pieds	pouces	
774	3	2	2	4	*Saint Jérome*. Demi-figure grande comme nature; on y remarque un vigoureux coloris et une belle imitation.
775	4	3	3	»	*Saint Jean Baptiste dans le Désert*; figure de proportion de nature. La force du ton et la hardiesse de l'effet rappellent le style de Michelange de Carravage.
776	4	»	2	»	*Saint François agenouillé et lisant*. Cette figure est d'un faire très large, et appartient à l'école du Baroccio.
777	4	3	3	»	*L'Ange qui réveille saint Pierre*. Demi-figure de proportion naturelle; elle est de l'école napolitaine.
778	3	»	2	3	*Deux Portraits*, de l'école de Ferrare.
779	»	9	»	7	*Petite tête du Sauveur avec sa croix*. Très bonne copie d'après Carlo Dolci.
780	»	9	»	7	*Notre Dame en douleur*; ouvrage d'un égal mérite.
781	1	6	1	3	*La Vierge et l'enfant Jésus*; têtes moins grandes que nature.
782	1	»	4	»	*Enfans qui folâtrent*. Ouvrage de l'école des Carraches, exécuté en clair obscur.
783	4	»	6	»	*Diane au milieu d'autres figures*.
784	2	»	1	2	*Le couronnement de la Vierge, entourée de différens saints*, petite composition.
785	1	3	1	»	*Enée fuit de la ville de Troie avec sa famille*; cette peinture est d'un vigoureux coloris.
786	2	9	2	3	*La Magdelaine*; demi-figure de grandeur naturelle; elle est de l'école de Bologne.
787	2	6	2	»	*Sainte Cécile*; demi-figure de proportion de nature, école des Carraches.
788	2	6	3	3	*Le couronnement d'épines*; remarquable par la hardiesse de l'effet et l'expression de vérité, dans le style du Carravage.
789	2	4	1	9	*Saint Jérome dans le désert*; petite figure.
790	2	9	2	2	*La Vierge en douleur*; demi-figure de grandeur naturelle, d'après l'original de Carlo Dolci.
791	3	»	5	»	*Une Bacchanale*. Ouvrage de l'école de Jules Romain.
792	3	»	5	»	*Répétition de la précédente*.
793	3	»	2	3	*Copie d'un Portrait*, d'après Leonardo da Vinci.
794	»	6	»	5	*Le Sauveur*, bonne copie d'après l'original de Carlo Dolci.
795	»	6	»	5	*La Vierge*. Copie du même mérite, d'après le même maitre.
796	2	»	3	6	*Diane avec des figures allégoriques*; petites figures.
797	3	3	2	6	*Une sainte famille*; figures au dessous de nature, elles sont de l'école florentine.
798	3	6	3	»	*Vénus et Neptune*.
799	4	»	3	3	*La rencontre de Marie avec Jésus qui monte au Calvaire*; tableau remarquable par sa grande expression.
800	1	9	2	»	*Un petit Amour endormi*. Demi-figure de grandeur naturelle; elle est de la main du Guido Reni.
801	1	»	4	»	*Enfans qui folâtrent*; petite peinture en clair obscur, appartenant à l'école des Carraches.

NUM. d'ordre	HAUTEUR des tableaux.		leur LARGEUR		
	pieds	pouces	pieds	pouces	
802	2	3	2	»	*La Crèche de Jésus*; petit tableau de l'école de Ferrare, et de l'époque du Garofolo.
803	2	9	3	9	*Le Déjeuné*. Demi-figures grandes comme nature. L'effet en est hardi et la nature y est rendue avec grande vérité. L'éxecution en est savante, et rappelle le faire de Michelange de Carravage.
804	3	9	3	2	*Sainte Famille*; ancienne et belle copie executée par un peintre de l'école d'André del Sarto.
805	2	»	3	2	*Un enfant qui dort*; peinture de l'école de Bologne.
806	1	9	1	3	*L'Assomption de la Vierge*; petites figures diligemment executées dans le style de l'école de Sienne.
807	1	9	1	6	*La crèche de l'enfant Jésus et l'adoration des Mages*. Cette composition offre une belle qualité de tons, l'effet y est joint à une grande douceur de pinceau; on l'attribue à l'école de Ferrare.
808	4	»	3	»	*La déposition du Christ au Tombeau*. Demi-figure de grandeur naturelle, appartenant à l'école de Bologne.
809	1	9	2	2	*La Vierge, l'enfant Jésus, saint Michel et saint Jérome*; peinture de l'école de Leonardo da Vinci.
810	2	»	1	6	*Téte de vieillard*; on y trouve de beaux tons et une grande vérité de nature.
811	2	6	2	»	*La Vierge accueillant deux saintes*; c'est une peinture d'une belle expression et d'une savante exécution, dans le style de l'école vénitienne.
812	2	3	1	9	*L'apothéose de sainte Marie Magdeleine*; elle est dans le style des peintres de Bologne.
813	5	3	7	»	*Animaux*, peints par Rosa de Tivoli avec beaucoup de savoir et de vérité.
814	4	9	7	»	*La parabole du Riche Epulone*. Sujet traité avec une grande vivacité de coloris et une belle imitation de la nature.
815	2	9	2	4	*La grande cascade de Tivoli*; elle est d'une bonne couleur et d'une parfaite vérité.
816	2	9	2	3	*Les cascatelles de Tivoli*; elles sont peintes de main de maitre.
817	5	3	7	»	*Animaux*, traités avec la plus grande vérité par Rosa de Tivoli.
818	2	9	2	3	*Paysage avec figures*; la composition en est riche.
819	2	9	2	3	*Une vue de Tivoli*; elle offre une parfaite imitation de la nature, et l'effet en est harmonieux.
820	4	9	3	6	*Un saint Franciscain baptisant un Nègre*. Ce tableau de petite grandeur est remarquable par son beau coloris.
821	7	»	9	6	*Le martyre d'une Sainte*; peinture d'une belle couleur et savamment exécutée, par Luca Giordano.
822	6	3	4	3	*Un portrait en pied*, de l'école d'André Sacchi.
823	6	»	5	»	*La Vierge dans une gloire*, avec deux saints docteurs dans le bas de la composition. Cet ouvrage offre de belles teintes dans le style d'Innocent d'Imola.
824	»	7	»	9	*Petite vue*, d'un joli effet: école flamande.

— (41) —

NUM. d'ordre	HAUTEUR des tableaux		leur LARGEUR		
	pieds	pouces	pieds	pouces	
825	5	6	6	6	Saint Sébastien; de pieuses Matrones soignent ses plaies. C'est un tableau de l'école française, bien composé et d'un bon effet dans son exécution.
826	6	9	11	»	Un sacrifice; figures de grandeur naturelle, qui rappellent le style de Pierre de Cortone.
827	6	3	7	6	Judith qui coupe la téte à Holopherne; peinture exécutée dans la même manière.
828	1	9	1	9	Portrait d'un Pape, très bien rendu.
829	5	6	7	»	Sujet allégorique; les figures en sont grandes comme nature, et peintes dans le style du Padouanini.
830	4	6	2	6	Saint Sébastien. Cette figure est dessinée très correctement, et terminée avec beaucoup de légèreté de pinceau, surtout dans la dégradation des ombres.
831	6	3	3	9	Joseph dans la prison expliquant les songes; belle copie soigneusement exécutée d'après Salvator Rosa.
832	1	3	1	»	La Conception; petite figure peinte avec grâce dans une guirlande de fleurs.
833	1	3	1	»	La naissance de Castor et Pollux, composée en petites figures.
834	1	3	»	11	David et Bersabée.
835	»	11	»	9	Vénus aux forges de Vulcain.
836	2	9	1	4	Volaille et fruits, d'une parfaite imitation de la nature, école flamande.
837	2	9	1	4	Un Pendant, conforme au précédent.
838	1	6	2	»	Jésus couronné d'épines demi-figure d'une touchante expression; elle est de l'école de Bologne.
839	5	3	3	6	Un Guerrier, de grandeur naturelle; ouvrage de l'école française moderne.
840	5	3	4	3	Mercure et les Grâces; figures grandes comme nature. C'est une production de Simon Vouet, peintre français.
841	4	6	3	8	Une Divinité marine et une Nymphe.
842	4	»	3	2	Susanne. Figure un peu au dessous de la nature. Elle appartient à l'école française.
843	2	9	3	6	Diane et Endymion. Cette peinture est de la même école.
844	2	6	3	»	Même sujet, traité par Subleyras.
845	1	6	2	»	Nymphe endormie. Ouvrage de Masucci.
846	1	6	1	3	Notre Dame dite du bon Conseil. Petite copie fort exacte de l'original du Corrége.
847	2	10	3	6	Mars et Vénus, avec un choeur de petits amours.
848	2	2	3	»	Nymphe endormie.
849	2	6	3	»	Danaé; bonne copie d'après le Titien.
850	3	2	2	3	La Charité Romaine, copiée d'après le Guido Reni.
851	2	6	2	»	Demi-figure de femme, peinte dans le style de l'école flamande.
852	2	8	2	2	Les filles de Loth.
853	2	9	2	2	La Justice avec plusieurs figures allégoriques. Ouvrage de petite dimension, et qui rappelle l'école française.

NUM. d'ordre	HAUTEUR des tableaux		leur LARGEUR		
	pieds	pouces	pieds	pouces	
854	2	6	3	6	Les trois Parques.
855	3	8	2	9	Une Bambochade, petites figures dans le gout flamand.
856	3	8	2	9	Vénus et les Grâces.
857	3	3	4	»	Le jugement de Paris; les figures en sont de petite proportion, et traitées dans le style de l'école de Rubens.
858	2	9	4	9	Une Bachanale. Petites figures, attribuées à la même école.
859	4	6	6	6	Une fête en l'honneur de Flore. Son auteur est Gérardo Lairets.
860	»	9	3	6	Peinture à l'aquarelle, dans la manière de Polidor de Caravage.
861	2	9	2	2	Figure allégorique.
862	3	2	2	6	Cérès. Demi-figure de grandeur naturelle.
863	3	»	2	3	La Magdelaine. Le faire de cette peinture est large et dans le style de l'école de Bologne.
864	2	6	3	6	Le jugement de Paris. Petite figure.
865	3	6	2	10	Sujet allégorique. Il appartient à l'école flamande, de l'époque du quinzième siècle.
866	1	10	1	6	Portrait d'homme de grandeur naturelle. C'est un ouvrage remarquable.
867	1	6	1	9	Un Paysage, il est coloré dans le style de Claude Lorrain.
868	1	9	2	9	Un Paysage; on y voit des Ruines de monumens antiques: ouvrage plein de beautés de nature; l'exécution en est vraie et soignée.
869	1	2	2	»	Autre, remarquable par son aspect.
870	3	»	4	6	Jésus Christ est saisi par les soldats; c'est un bel effet de nuit.
871	2	10	2	»	Portrait d'homme cuirassé de fer. Il est bien coloré et d'une grande vérité.
872	2	2	2	6	Vue intérieure d'une Hôtellerie de campagne. On y voit différentes figures et des animaux. Magnifique tableau de Berghem. Entre autres belles qualités, on est frappé de la manière dont l'effet de neige est rendu.
873	6	»	4	3	L'adoration des Mages. Les figures sont moins grandes que nature, et le style en est flamand.
874	2	6	1	10	Portrait d'un Philosophe.
875	1	9	1	4	Autre Portrait d'un personnage inconnu.
876	2	»	1	6	Un autre.
877	2	»	1	6	Tête d'un guerrier, plus grande que nature.
878	2	»	2	9	Le Crucifiement de notre Seigneur; copie d'un ancien auteur.
879	3	9	5	3	Les Mages allant adorer l'enfant Jésus. Tableau de main de maître, et d'une grande originalité de composition.
880	1	4	1	1	Le Repos pendant la fuite en Égypte. Très petites figures.
881	1	4	1	»	Une Bataille, très bien exécutée dans le gout de l'école française.
882	1	6	1	1	Une bambochade, petites figures.
883	1	3	1	»	Un Paysage.
884	»	10	»	9	Un concert. Petites figures.
885	»	11	»	9	L'Intérieur d'une cuisine; sujet rendu avec soin, et d'une belle couleur dans la manière de Téniers.

—(43)—

NUM. d'ordre	HAUTEUR des tableaux		leur LARGEUR		
	pieds	pouces	pieds	pouces	
886	»	10	»	9	*Scène familière*, petites figures.
887	1	»	1	»	*Petite figure d'homme à cheval.*
888	1	6	1	2	*Extérieur d'une Auberge*, peint par Miell.
889	1	4	1	9	*Deux ports de mer avec petites figures.* Ces tableaux sont d'une
890	1	4	1	9	belle exécution.
891	1	4	1	9	*Un Paysage.*
892	2	3	1	6	*Un Portrait d'homme*; bel ouvrage dans le style des flamands.
893	2	3	1	6	*Autre Portrait*; mêmes qualités.
894	3	3	2	9	*Portrait d'un Cardinal*, demi-figure de grandeur naturelle.
895	2	»	1	8	*Belle copie d'un Portrait de Luca Holstein.*
896	1	9	1	6	*Autre Portrait.*
897	2	4	1	9	*Portrait d'un Vieillard.* Il est peint avec grande intelligence et dans le style flamand.
898	2	2	1	9	*Un autre représentant un soldat.*
899	2	4	3	4	*Paysage*, il a pour sujet la Parabole du Samaritain. C'est un bel ouvrage de l'école du Brilli.
900	1	6	2	3	*Un Paysage avec figures d'Asiatiques.* Le coloris en est vigoureux, l'exécution vraie et soignée.
901	3	»	4	»	*Autre Paysage*, qui se distingue par une grande imitation de la nature, et une douceur d'effet très remarquable.
902	3	»	4	»	*Autre Paysage.*
903	1	6	1	3	*La Crèche de l'enfant Jésus*; les figures en sont petites.
904	1	3	1	»	*La fuite en Egypte.* Petite composition rendue avec vigueur et finesse. On y remarque surtout le groupe des Innocents massacrés, et qui a été ingénieusement introduit dans ce sujet pour mieux en expliquer le motif.
905	»	10	»	7	*Jésus en croix*; petite figure.
906	1	3	1	»	*Petite bambochade.*
907	1	6	1	9	*Paysage.* Il est composé savamment, et d'une grande imitation de nature.
908	1	9	1	6	*Deux Portraits*; l'un d'homme, l'autre d'une femme. On y remarque une grande expression de vérité.
909	1	9	1	6	
910	2	8	2	4	*David tenant la tête du géant Goliath*; ouvrage d'une grande force de coloris.
911	1	3	»	10	*Portrait de femme*, il est d'une grande vérité.
912	1	2	1	»	*Portrait de Louis XIV.* Petite demi-figure peinte au milieu d'une couronne de fleurs.
913	3	2	2	6	*Portrait.* C'est une peinture flamande, d'un bel effet de couleur.
914	2	3	1	6	*Portrait du Cardinal Mazarin.*
915	2	3	1	8	*Autre Portrait.* Le coloris en est puissant, et l'exécution en est de main de maitre.
916	2	3	1	8	*Portrait*, du rendu le plus soigné et d'une grande vérité.
917	2	3	2	»	*La Paix*, elle est représentée par une demi-figure.
918	2	6	1	9	*Portrait d'homme avec son chien*; on y trouve une belle imitation de la nature, dans le style d'Holbein.

— (44)—

NUM. d'ordre	HAUTEUR des tableaux		leur LARGEUR		Description
	pieds	pouces	pieds	pouces	
919	2	6	2	»	*Un Peintre occupé à représenter des pauvres.* Tableau d'un bon aspect, il est traité avec un soin et une vérité remarquables.
920	1	»	1	6	*Paysage avec animaux.*
921	1	»	1	6	*Autre Paysage*, rendu savamment, et d'une bonne imitation de la nature.
922	2	3	2	9	*Paysage dans lequel on voit des joueurs.*
923	2	2	1	6	*Bambochade*, bonne copie d'un original flamand.
924	2	3	1	8	*Des Joueurs d'instruments*, bon effet de nuit.
925	1	9	1	4	*Halte de Chasseurs près d'une Auberge.* Petites figures très soignées et bien rendues.
926	3	2	4	9	*Une Neige.*
927	1	4	1	9	*Autre Paysage*, d'un pinceau vrai et précis.
928	1	3	1	8	*Intérieur d'un Temple*, dans lequel on a peint la Présentation de Jésus au milieu de personnages de petite proportion.
929	1	»	1	6	*Intérieur d'une Eglise*, belle copie d'après Petersneefs.
930	2	»	1	4	*Paysage et animaux.* Ce tableau offre un vigoureux coloris.
931	1	9	1	4	*Un Peintre copiant un vieillard pour représenter saint Jérome*; belle exécution.
932	2	»	1	6	*Paysage dans lequel on voit des animaux*; il est fortement coloré.
933	1	6	2	6	*Le Repos pendant la fuite en Egypte*; la scène a lieu dans un Paysage riche de composition et d'un rare fini, par Paolo Brilli.
934	2	2	1	6	*Ces deux Portraits*, de demi-figures de grandeur naturelle, sont
935	2	2	1	6	d'une parfaite vérité.
936	4	3	3	»	*Portrait du Pape Benoist XIV*; l'exécution en est savante et d'une grande finesse.
937	3	»	4	6	*Loth avec ses filles*; figures de grandeur ordinaire.
938	1	6	2	»	*Une Place servant de marché*; petit tableau bien rendu.
939	1	6	2	»	*Un Paysage*, bien traité. On y voit la Vierge, l'enfant Jésus et quelques Chérubins.
940	2	3	3	»	*Une Bambochade*, bonne copie.
941	2	»	1	6	*Une Taverne*, les figures en sont petites.
942	2	6	3	»	*Paysage*, le style en est grandiose.
943	2	»	1	6	*Portrait.* Demi-figure de proportion ordinaire.
944	1	6	1	9	*Paysage*, d'une rare exécution dans le style de Claude le Lorrain.
945	1	3	2	3	*Autre Paysage.*
946	1	2	1	6	*Paysage* du même mérite du précédent, numéro 944.
947	2	3	1	9	*Trois petites figures*, précieuse copie d'un original peint dans la manière de Rubens.
948	4	»	5	6	*Paysage*, la composition en est d'une grande noblesse.
949	1	6	1	2	*L'Intérieur d'une cuisine*; belle copie d'après un tableau de Téniers.
950	2	3	3	2	*Paysage*, dont l'effet est très vigoureux.
951	1	10	3	»	*Jeux d'Enfans.*
952	1	8	2	3	*Une Réunion en famille*, bonne copie d'un original de l'école flamande.
953	1	2	1	3	*Paysage*, il offre de délicieux tons de couleur, par Alexis de Marchis.

—(45)—

NUM. d'ordre	HAUTEUR des tableaux.		leur LARGEUR		
	pieds	pouces	pieds	pouces	
954	»	9	1	2	*Autre Paysage*, habilement composé.
955	»	9	1	2	*Un Vieux qui nettoie son mousquet.*
956	»	8	1	»	*Les Mages viennent adorer l'enfant Jésus* très petites figures sur un fonds de Paysage.
957	»	9	1	2	*Paysage*, bien composé et bien rendu.
958	1	2	1	3	*Paysage*, d'une bonne couleur et d'un bon aspect.
959	3	3	4	3	*L'adoration des Mages.* Charmante copie d'après une ancienne peinture.
960	3	9	5	4	*Paysage*, d'un faire délicieux, dans la manière de Claude Lorrain.
961	2	3	2	»	*Les filles de Loth*, petites figures.
962	2	3	3	»	*Paysage*, d'un rare mérite.
963	1	8	2	3	*Une Réunion en famille*; bonne copie d'après un original de l'école flamande.
964	1	9	1	6	*Une Troupe d'assassins*; petit tableau rendu avec soin et vérité.
965	1	»	1	»	*Paysage*, dans une forme circulaire; l'exécution en est complète.
966	1	»	1	4	*Autre Paysage avec des animaux*; ancienne copie d'après Berghem.
967	1	»	1	»	*Autre Paysage*, de forme circulaire, traité avec beaucoup de précision.
968	1	6	2	6	*Paysage*, bien exécuté et d'un beau coloris; on y voit un sujet tiré de la vie d'Agar.
969	2	9	4	»	*Autre*, d'un style large et vrai.
970	3	»	4	3	*Une Bacchanale*: elle est peinte avec esprit et une grande précision.
971	2	»	2	11	*Paysage.*
972	2	4	3	»	*Salomon recevant la visite de la reine Saba.*
973	2	4	4	»	*Une Bataille.*
974	2	3	4	»	*Même sujet.*
975	1	4	1	»	*Paysage.*
976	1	6	2	»	*Orphée.*
977	1	6	1	6	*Un Incendie.* Ce sujet est d'un fini précieux.
978	2	3	3	1	*Paysage*, richement imaginé et d'un bel effet.
979	1	1	»	9	*Bambochade*, petites figures.
980	2	3	3	»	*Salomon sacrifiant aux idoles.*
981	1	»	1	4	*Bambochade*, d'un ton ferme.
982	1	11	1	6	*Portrait d'une jeune fille*, peinture faite avec soin.
983	2	3	3	»	*Enée et Didon à la chasse.*
984	1	11	3	7	*Vue d'un port où l'on radoube un vaisseau*, tableau traité avec une grande liberté de pinceau.
985	2	»	1	6	*Portrait d'une jeune fille*; très soigneusement exécuté.
986	1	3	1	4	*Bambochade*, du plus vigoureux effet.
987	2	»	3	7	*Paysage*, richement composé.
988	2	3	3	»	*Sujet inconnu*, que l'on croit représenter la mort de Didon.
989	2	2	3	»	*Paysage.*
990	2	2	4	»	*Bataille.*
991	2	3	3	»	*Paysage*, d'une savante composition, et d'une parfaite imitation de la nature.

—(46)—

NUM. d'ordre	HAUTEUR des tableaux.		leur LARGEUR		
	pieds	pouces	pieds	pouces	
992	1	2	1	»	*Vue d'une Perspective*, traitée avec intelligence.
993	1	6	1	11	*Boutique d'un maréchal.*
994	1	4	1	»	*Paysage.*
995	2	6	2	9	*La mort de la sainte Vierge*; tableau d'une belle exécution.
996	2	2	1	10	*La prédication de saint Jean Baptiste.*
997	2	2	1	10	*Le baptême de Jésus-Christ.*
998	1	6	2	9	*Le crucifiement de Jésus*, petite dimension, ouvrage très soigné.
999	4	3	2	6	*Saint Jean l'Evangéliste*, de grandeur naturelle, peinture habilement exécutée par un auteur de l'école du Pérugin.
1000	3	»	2	3	*Portrait d'un guerrier couvert d'une armure de fer.*
1001	1	6	2	»	*Paysage*, peint dans une belle manière.
1002	2	6	2	2	*Autre paysage*, bien composé.
1003	1	3	1	6	*Portrait d'un médecin*, figure plus petite que nature, d'un précieux fini; style de Holbein.
1004	4	6	6	3	*Paysage*, d'une composition grandiose.
1005	2	6	7	»	*Autre paysage*, d'égal mérite, joignant à un effet harmonieux une grande vérité.
1006	1	6	1	9	}*Deux paysages*, d'un ton vigoureux.
1007	1	4	1	8	
1008	1	6	2	»	*Paysage*, avec figures; peinture d'imitation flamande.
1009	1	4	1	8	*Paysage*, d'un coloris ferme.
1010	6	»	4	6	*Hercule et Jole*, figures de grandeur naturelle.
1011	4	6	6	6	*Paysage*, richement imaginé, dans lequel est représentée la prédication de saint Jean Baptiste.
1012	3	»	4	2	*Jeux champêtres*, dans un beau paysage, peinture d'un effet remarquable.
1013	5	6	3	»	*Un faune jouant de la flûte*, figure plus grande que nature; tableau qui se distingue par un aspect large et un puissant coloris.
1014	1	8	2	1	*Marine*, d'une belle exécution.
1015	2	9	2	2	*Paysage*, d'une égale valeur.
1016	1	6	2	»	*Bambochade.*
1017	2	5	2	5	*Une femme tenant dans la main droite un vase d'où s'élève de la flamme.*
1018	2	10	2	2	*Portrait*, peint avec autant de soin que de vérité.
1019	3	»	3	11	*Paysage*, d'une douce harmonie.
1020	1	7	2	»	*Autre paysage*, composé et exécuté en maître.
1021	2	8	4	11	*Marine* d'un bel effet; c'est une fidèle imitation de la nature.
1022	1	8	2	4	*Le festin de Balthazar*, peinture à effet, très petites figures.
1023	3	»	4	1	*Paysage*, d'une composition savante et d'un admirable rendu.
1024	1	7	2	»	*Grotte d'où l'on apperçoit le ciel*; tableau d'une très belle exécution.
1025	2	5	2	5	*Demi-figure représentant l'hiver*; d'une grande fermeté de coloris.
1026	3	9	3	1	*Sujet inconnu*, petites figures.
1027	1	6	2	»	}*Trois paysages*, d'un beau ton et d'une parfaite imitation de la nature.
1028	»	7	1	»	
1029	»	7	1	»	

NUM. d'ordre	HAUTEUR des tableaux.		leur LARGEUR		
	pieds	pouces	pieds	pouces	
1030	3	»	2	3	*Vue de restes d'anciennes constructions*, ouvrage du Pannini.
1031	2	11	4	1	*Paysage*, d'une composition grandiose.
1032	5	4	3	10	*Sacrifice d'Abraham*, effet large et savante exécution.
1033	3	»	4	1	*Paysage*, d'une grande vérité d'expression.
1034	5	2	3	9	*Le martyre de saint Sébastien*, figures presque de grandeur naturelle.
1035	3	»	4	1	*Paysage*, composé avec la plus noble imagination.
1036	2	»	1	6	*Mascarade*, exécutée en maître, sur un beau fonds de paysage.
1037	3	»	4	2	*Paysage*, d'une vérité frappante.
1038	5	»	6	3	*Judith, après avoir coupé la tête à Holopherne*, figures grandes comme nature.
1039	3	8	4	6	*Paysage*.
1040	3	»	2	3	*Vue de restes d'anciennes constructions*, ouvrage du Pannini.
1041	4	»	3	»	*Vieillard se chauffant*; il représente l'hiver: demi-figure vigoureusement colorée.
1042	»	9	1	4	*Bambochade* exécutée avec vérité.
1043	4	2	4	2	*Paysage*, richement composé.
1044	4	»	3	»	*Le Sauveur mort est soutenu par des anges*, tableau d'un effet très franc.
1045	3	6	3	»	*Sainte Famille*, peinture exécutée avec soin dans le style du quinzième siècle.
1046	2	8	3	»	*Belle copie de la Madone de Raphael*, dont l'original était autrefois à Loreto.
1047	5	»	4	»	*Jésus, dans la maison de Marthe, calme le chagrin qu'elle éprouve, à la vue de sa soeur Madeleine repentante aux pieds du sauveur*; peinture où le célèbre le Sueur a réuni la noblesse d'une composition bien entendue à la science du dessin, au grandiose des draperies, et à un effet plein d'une harmonieuse douceur.
1048	3	6	2	10	*La Sainte Vierge dans l'atelier de saint Joseph*, avec d'autres petites figures; peinture soignée.
1049	3	»	4	9	*La Sainte Vierge, présentant l'enfant Jésus à saint François*, offre une expression pleine de piété.
1050	1	3	1	6	*Notre-Dame, l'enfant Jésus et quelques saints*, figures peintes avec une grande fermeté de couleur.
1051	»	11	»	8	*Portrait de femme*, plus petit que nature, rappelant la manière de Marcello Venusti.
1052	1	»	»	9	*Notre-Dame avec l'enfant Jésus et de petits anges*, copie ancienne; petite dimension.
1053	2	6	3	3	*L'enfant Jésus reposant avec la sainte Vierge pendant leur voyage en Egypte. Deux anges lui offrent du beurre et du miel*; admirable tableau très connu de Nicolas Poussin, dont il est une des plus précieuses productions.
1054	2	»	1	6	*La Vierge avec l'enfant Jésus endormi*, figures plus petites que nature; peintes par Masiotti Albertinelli, avec une rare intelli-

NUM. d'ordre	HAUTEUR des tableaux (pieds)	(pouces)	leur LARGEUR (pieds)	(pouces)	
					gence; tableau d'un effet remarquable par un faire coulant et moelleux.
1055	1	9	1	4	*Notre-Dame*, demi-figure plus petite que nature, ancienne copie faite avec soin d'après Leonardo da Vinci.
1056	2	6	3	3	*La danse des heures*, merveilleuse composition de Nicolas Poussin.
1057	1	9	1	6	*Saint Jérome dans le désert*, petite figure faite avec soin d'après l'original de Pierre Pérugin.
1058	2	6	3	3	*Notre-Dame avec l'enfant Jésus*: d'un côté, quelques enfants lui offrent une petite corbeille de fleurs, et de l'autre sainte Elisabeth à genoux, lui présente saint Jean Baptiste; ancienne copie exécutée avec une remarquable intelligence: école de Nicolas Poussin.
1059	1	10	1	8	*L'enfant Jésus assis sur les genoux de la Vierge; en présence de sainte Elisabeth il bénit saint Jean Baptiste*. On croit que ce petit tableau, bien qu'il rappelle la composition et le dessin de Raphael, a été exécuté par un de ses élèves; néanmoins, dans quelques unes de ses parties, on reconnait le pinceau de ce maitre célèbre.
1060	1	6	1	»	*Copie ancienne de la transfiguration de Raphael*, petites figures.
1061	2	2	2	»	*Notre-Dame dans une gloire, et sainte Cécile touchant de l'orgue*, petit tableau de l'école de Ferrare.
1062	1	9	1	3	*La sainte Vierge sur son trône avec deux saints*, petites figures; tableau qui brille autant par sa composition que par son exécution.
1063	2	6	2	»	*L'enfant Jésus soutenu par la sainte Vierge, et caressant l'agneau qui lui est présenté par saint Jean Baptiste*: Ouvrage du Luini, qui se fait admirer par une touche moelleuse et par autant de soin que de goût.
1064	4	6	3	6	*Notre-Dame et sainte Elisabeth avec l'enfant Jésus qui parait vouloir quitter le sein de sa mère, pour caresser l'agneau que saint Jean Baptiste, assis à ses pieds, serre doucement dans ses bras*. Tableau de l'école lombarde, traité d'une manière large avec la plus gracieuse expression.
1065	4	8	6	3	*Saint Louis, roi de France, reçevant le sacrement de l'Eucharistie*; tableau d'un bon effet.
1066	3	9	5	»	*Deux demi-figures*, de grandeur naturelle, savante copie d'après le Guerchin.
1067	4	2	3	»	*Un amour*, peint à la manière du Caravage.
1068	4	4	3	2	*Un Roi dans le bain*, figure grande comme nature, et peinte avec une vérité remarquable.
1069	3	3	2	9	*Notre-Dame avec l'enfant Jésus*, de grandeur naturelle, et d'un bon effet; école lombarde.
1070	4	6	3	3	*Sainte famille*, de grandeur naturelle, école florentine.
1071	4	»	3	8	*Notre-Dame dans une gloire, présente l'enfant Jésus à un saint franciscain*; tableau d'un brillant effet.

NUM. d'ordre	HAUTEUR des tableaux (pieds)	(pouces)	leur LARGEUR (pieds)	(pouces)	
1072	3	2	5	»	Les Juifs se disposant à la fuite en Égypte; figures de grandeur naturelle, et d'une belle exécution.
1073	2	3	1	9	Notre-Dame avec l'enfant Jésus, peinture exécutée avec soin; elle est de l'école de Fra Bartolomeo.
1074	1	6	1	2	Charmant tableau, d'un vigoureux coloris et d'une précieuse exécution; il représente la Vierge environnée d'anges, dont les uns sont en adoration, les autres jouent de divers instrumens, et plusieurs répandent des fleurs.
1075	2	3	3	»	Le repos pendant la fuite en Égypte; on y remarque un paysage qui révèle une riche imagination, et un rare génie dans l'agencement des figures groupées avec autant de grâce que d'expression; tableau précieux et du plus grand effet, de l'école de Ferrare.
1076	2	6	1	6	Repas de Jésus Christ après son jeûne dans le désert, il est assisté par des anges; ouvrage d'un brillant aspect.
1077	1	9	1	6	Baptême de Jésus Christ, petite esquisse de l'école du Corrége.
1078	2	6	2	9	Belle copie d'un paysage de Claude Lorrain. Ce tableau représente une matinée au lever du soleil.
1079	1	6	2	»	La femme adultère, ouvrage composé de petites demi-figures peintes avec hardiesse, par un auteur de l'école espagnole.
1080	»	10	»	8	Jésus crucifié, très petite figure.
1081	2	3	3	»	Le triomphe de Bacchus, copie d'après l'original du Poussin.
1082	1	10	1	4	Sainte famille; imitation soignée d'une peinture du Schidone.
1083	»	7	1	4	Paysage, savamment composé et traité en teintes harmonieuses.
1084	»	11	1	2	Bambochade, très petites figures imitant parfaitement la nature, et d'une forte couleur, dans un paysage d'égal mérite.
1085	1	3	2	»	Paysage, avec des animaux; belle copie d'après un original de Paul Poters.
1086	1	1	1	6	Marine, excellente copie d'après Claude Lorrain.
1087	»	11	»	8	Femme avec un enfant, petites figures; ouvrage d'un ton ferme et d'un effet remarquable: école lombarde.
1088	»	11	1	4	L'Enfer; petites figures; copie d'après un original allemand.
1089	»	11	»	8	Caïn attéré après le meurtre d'Abel.
1090	1	1	1	4	Admirable marine, au lever du soleil; peint par Claude Lorrain.
1091	1	1	»	10	La Vierge et l'enfant Jésus, belle copie d'après le Corrége.
1092	»	8	»	11	Le mariage de sainte Catherine; petites demi-figures.
1093	1	1	»	11	Berger avec des animaux.
1094	1	»	»	9	Portrait d'une dame de distinction, avec un nègre; petit ouvrage exécuté avec une intelligence et un soin remarquables.
1095	3	2	4	1	Sainte famille; demi-figures de grandeur naturelle; tableau qui offre des tons fermes et une bonne harmonie de couleur.
1096	3	6	2	8	Jésus montré au peuple; bonne copie d'après le bel original du Corrége.
1097	3	6	4	4	L'enfant Jésus, sur le sein de la Vierge, lui tend les bras, tandis qu'elle incline avec respect sa tête sur lui; ce tableau est

7

NUM. d'ordre	HAUTEUR des tableaux		leur LARGEUR		
	pieds	pouces	pieds	pouces	
					aussi noblement composé que savamment exécuté; il joint un effet grandiose à une charmante expression.
1098	1	1	»	10	*La Sainte Vierge avec l'enfant Jésus*, petite dimension; tableau habilement peint et d'un bon effet, à la manière du chevalier d'Arpin.
1099	»	5	»	4	*Petit portrait*, exécuté avec une admirable finesse et une grande vérité, par un auteur flamand.
1100	2	9	2	9	*Tableau de forme circulaire*, représentant la sainte Vierge avec l'enfant Jésus, et des chérubins qui lui présentent les attributs de la passion; ouvrage d'un bon style et de l'école de Fra Bartolomeo.
1101	2	6	2	6	*La Vierge caressant le petit saint Jean Baptiste qui se présente pieusement à l'enfant Jésus*; peinture exécutée avec un soin et une grâce infinis; école du Ghirlandajo.
1102	2	9	2	»	*Saint Jérôme*, tableau d'un brillant coloris et d'une savante exécution.
1103	1	9	1	3	*Portrait de la Sirani*, élève de Guido Reni.
1104	2	»	1	6	*Sainte famille*, composée avec grâce et vigoureusement colorée.
1105	1	9	1	4	*La Vierge et l'enfant Jésus avec saint Jérôme*; peinture traitée par Costa avec une finesse et une vérité remarquables.
1106	1	8	1	3	*Tête de vieillard*, ouvrage exécuté en maître, et d'un excellent coloris.
1107	2	4	1	10	*La Magdeleine*, demi-figure.
1108	1	6	1	3	*Portrait*, belle imitation de la nature; ancienne école du quatorzième siècle.
1108 bis	1	9	1	4	*Sainte Catherine*, demi-figure grande comme nature.
1109	1	6	1	4	*La Vierge avec l'enfant Jésus et saint Jérôme*; ce petit tableau, composé et exécuté avec intelligence, est d'une teinte harmonieuse.
1110	1	9	1	6	*Portrait d'un Cardinal*, peint avec une grande vérité de couleur et avec un soin particulier; dans la manière du Sassoferrato.
1111	1	6	1	1	*Portrait d'homme*, d'une exécution très soignée et d'un ton très vigoureux.
1112	1	4	1	1	*Petit tableau*, de l'école française, à l'imitation des flamands.
1113	2	»	1	6	*Portrait de la Marquise de Noirmoustier*.
1114	2	»	1	9	*Portrait d'une dame de distinction*.
1115	2	»	1	6	*Même sujet*.
1116	1	3	»	10	*Portrait*, d'un très grand fini; à la manière ancienne.
1117	1	6	2	»	*Paysage*, d'une composition grandiose; copie d'après le Poussin.
1118	3	3	2	6	*Portrait*, d'une parfaite vérité.
1119	2	2	2	9	*L'adoration des Mages*; petites figures, d'une touche brillante; école de Rubens.
1120	4	»	3	»	*Portrait d'homme*, rappelant la manière du quinzième siècle.
1121	4	3	3	2	*Portrait de femme*, d'un style large et savant; dans la manière de Sébastien del Piombo.

NUM. d'ordre	HAUTEUR des tableaux		leur LARGEUR		
	pieds	pouces	pieds	pouces	
1122	3	6	2	9	*Autre portrait de femme avec son enfant*, ouvrage de la plus savante finesse; style du Bronzino.
1123	4	6	3	»	*La Vierge adorant l'enfant Jésus au berceau*; figure de grandeur naturelle: peinture d'un brillant effet, exécutée avec autant d'habileté que de précision, dans le style du Sasso ferrato.
1124	3	9	2	»	*Portrait d'homme*; dans la manière de Jacques Pontormo.
1125	1	3	»	9	*Notre-Dame sur son trône*; elle est entourée d'anges: le coloris en est vigoureux; école allemande.
1125 bis	1	5	1	1	*Une sainte famille*, petites figures fortement colorées.
1125	1	5	1	1	*Très jolie vue, prise dans un souterrain*.
1126	4	3	3	10	*La flagellation*, figures plus petites que nature; tableau d'un effet admirable et savamment traité par Luca Jordano.
1127	3	6	2	6	*Portrait*, d'un style large: école florentine.
1128	2	3	1	9	*Sainte famille*, figures plus petites que nature; ouvrage de l'école d'André del Sarto.
1129	»	7	»	10	*Deux nymphes*, petites figures de style français; elles portent le nom de G. Hoor.
1130	»	10	1	»	*Bataille*, petites figures; elles sont d'une brillante couleur et d'un précieux fini, dans le faire du Chevalier d'Arpin.
1131	»	10	1	3	*Pêches*, représentées avec une vérité parfaite.
1132	1	7	2	»	*Paysage*, d'un ton ferme et d'un brillant coloris.
1133	»	6	»	7	*Petites demi-figures, représentant Jésus et Marie*, tableau d'une touche précieuse.
1134	»	6	»	9	*Divers fruits*, petit tableau très soigné et d'une grande vérité.
1135	»	6	»	5	*Petit portrait*; d'un rare fini.
1136	3	8	2	9	*Portrait d'homme avec un chien*; il est d'un bel effet et d'une manière grandiose; dans le style du Bronzino.
1137	4	6	6	9	*Les noces de Cana*; tableau d'une belle couleur et richement composé, il appartient à l'école du Bassano.
1138	3	3	4	»	*Bataille*, ouvrage d'une grande expression et d'un ton ferme.
1139	3	6	4	6	*Figures et animaux*, plus petits que nature, traités avec force et habileté, à la manière du Borgognoni.
1140	2	6	1	9	
1141	2	6	1	9	
1142	2	6	1	9	
1143	2	6	1	9	
1144	2	6	1	9	
1145	2	6	1	9	*Douze demi-figures, de grandeur naturelle, représentant les Apôtres*; elles sont d'un grand relief et peintes avec vigueur.
1146	2	6	1	9	
1147	2	6	1	9	
1148	2	6	1	9	
1149	2	6	1	9	
1150	2	6	1	9	
1151	2	6	1	9	
1152	4	»	5	6	*Animaux et fruits*, d'une savante exécution.

NUM. d'ordre	HAUTEUR des tableaux.		leur LARGEUR		
	pieds	pouces	pieds	pouces	
1153	3	»	4	3	La prière de Jésus au jardin, petites figures, tableau d'un bon effet, ouvrage du Trevisani.
1154	4	9	6	9	Paysage, d'une composition grandiose, on y voit un saint qui baptise.
1155	3	»	4	6	Autre paysage d'égal mérite.
1156	3	6	4	6	Figures et animaux, savamment traités dans le style du Borgognoni.
1157	3	2	1	9	Portrait, de grandeur naturelle, d'un effet hardi et puissant, à la manière de Michelange de Caravage.
1158	2	11	2	3	⎫
1159	2	11	2	3	⎬ Quatre tableaux représentant des animaux, exécutés avec intelligence.
1160	2	2	1	10	
1161	2	2	1	10	⎭
1162	2	»	1	3	Jésus crucifié sur le Calvaire; on voit beaucoup de figures à ses pieds: peinture d'une exécution très soignée, et d'une admirable expression; école du Giotto.
1163	2	4	1	6	Notre Dame sur son trône, elle est entourée de saints; ouvrage du même mérite et de la même école que le précédent.
1164	1	3	1	6	Fleurs, de la plus grande beauté, par un auteur flamand.
1165	1	3	1	»	La Vierge ayant à ses côtés saint François et saint Georges; cette composition est pleine de noblesse, et les petites figures sont exécutées avec finesse et vigueur de ton; école de Benvenuto Garofolo.
1166	»	10	»	7	La Vierge et l'enfant Jésus, tableau rendu avec soin, il appartient à l'ancienne école allemande.
1167	2	»	2	11	La présentation de Jésus au temple; tableau savamment coloré.
1168	»	9	»	7	La Vierge tenant dans ses bras Jésus mort, peinture d'une grande expression.
1169	1	6	1	1	La Magdeleine, petite demi-figure.
1170	1	»	»	10	Jésus couronné d'épines.
1171	3	6	2	9	Portrait d'un guerrier couvert d'une armure de fer; admirable tableau du Carrache, où de belles teintes s'allient à un effet vigoureux.
1172	2	9	3	6	L'incredulité de S. Thomas, demi-figures de grandeur naturelle, peinture à effet.
1173	3	6	2	9	Saint François.
1174	3	9	2	8	Saint Jérôme, peinture d'une grande vérité d'expression et savamment exécutée.
1175	3	»	2	2	Portrait, traité avec effet, demi-figure de grandeur naturelle.
1176	1	6	2	6	Jésus endormi est adoré par saint Jean Baptiste; ouvrage d'un beau coloris.
1177	5	»	4	3	Le Centurion qui se présente à saint Pierre; ce tableau offre une grande expression et de beaux tons de couleur.
1178	3	3	4	3	La Cène pendant le voyage à Emmaüs; ouvrage d'un beau coloris, attribué à l'école florentine.

NUM. d'ordre	HAUTEUR des tableaux		leur LARGEUR		
	pieds	pouces	pieds	pouces	
1179	5	»	4	3	Simon le magicien offrant de l'argent à saint Pierre, peinture savamment colorée.
1180	4	6	6	9	Les animaux introduits dans l'Arche, habilement peints à la manière du Castiglioni.
1181	5	»	4	3	L'adoration du veau d'or, petites figures; tableau qui joint l'expression à une grande saillie.
1182	3	9	3	»	Une femme en costume asiatique, peinture d'un fini admirable, d'une belle couleur et d'une parfaite imitation de la nature.
1183	2	9	2	3	Portrait de femme, de grandeur naturelle et d'un style large.
1184	1	8	1	2	La descente de croix, petites figures.
1185	3	3	3	6	Une tapisserie représentant des animaux et des fruits d'Amérique, exécutés avec le plus brillant coloris.
1186	1	2	1	4	Paysage, avec de petites figures; ce tableau qui offre des tons savamment choisis, étonne à la fois par la force de l'expression et par un précieux fini.
1187	1	6	1	3	La mort de Didon, petite esquisse de l'école française.
1188	1	3	3	9	La résurrection de Lazare, petites figures; tableau qui joint la vigueur à une grande finesse: école de Benvenuto Garofolo.
1189	2	»	2	6	Paysage, d'un bel effet, d'une grande vérité et d'une savante exécution. On y voit Agar consolée par l'ange.
1190	2	3	1	9	Demi-figure représentant un vieillard, ouvrage où l'expression s'unit à une savante imitation de la nature, par Mola.
1191	»	7	»	9	Très petit paysage, qui se distingue par la fraîcheur du coloris; école de Breugel.
1192	1	3	1	»	Samson tuant un lion, petit tableau d'un effet aussi ferme qu'harmonieux.
1193	1	»	»	9	La descente de croix, petites figures traitées avec une finesse et une intelligence admirables, par Lebrun.
1194	»	9	»	8	Sainte famille, tableau remarquable par des tons vigoureux, à la manière du Schidone.
1195	1	6	1	2	Tête de saint Pierre, de grandeur naturelle; le ton en est fort et d'une grande vérité.
1196	1	4	»	11	La Vierge et l'enfant Jésus; l'effet est bon et le coloris puissant; école de Fra Bartolomeo.
1197	1	»	»	9	La fuite en Égypte, ouvrage exécuté avec autant de soin que d'intelligence, et dans un style large; école française.
1198	1	2	»	11	Saint Joseph que l'ange invite à rester avec la Sainte Vierge, petit tableau savamment exécuté: l'effet et le coloris en sont remarquables.
1199	1	»	»	9	La Vierge et l'enfant Jésus dans une gloire, figures d'une couleur ferme; à la manière du Scarsellino.
1200	4	»	3	3	Sainte famille, figures de grandeur naturelle, elles sont peintes avec beaucoup de soin et d'effet, dans le style du quinzième siècle.
1201	2	3	1	9	La Vierge occupée à lire, ouvrage de Subleyras, traité dans un

NUM. d'ordre	HAUTEUR des tableaux		leur LARGEUR		
	pieds	pouces	pieds	pouces	
					style large, avec un soin remarquable, et avec une savante expression de vérité.
1202	3	3	2	9	*Jésus montré au peuple*; tableau habilement coloré; école vénitienne.
1203	1	11	1	7	*Tête d'un vieillard*, de grandeur naturelle; beau ton de couleur.
1204	»	7	»	9	*Petit paysage* d'un effet admirable.
1205	»	9	1	3	*Sujet inconnu*, petites figures; tableau peint en maître.
1206	1	6	1	1	*Le martyre de saint Laurent*, ouvrage d'une grande finesse et d'une belle saillie.
1207	»	8	»	6	*Jésus crucifié et Notre-Dame des douleurs*, petites figures peintes avec une grande facilité d'exécution.
1208	4	»	3	»	*Demi-figure représentant un vieillard*, d'un coloris ferme.
1209	3	9	2	9	*L'enfant Jésus au berceau, caressant saint Jean Baptiste que lui présente sainte Elisabeth*. On admire dans ce tableau la savante composition, l'effet brillant et la plus gracieuse expression: il est de l'école de Rubens.
1210	3	»	2	4	*Une Sybille*; demi-figure; cette peinture offre une composition grandiose, un beau coloris, un effet doux et harmonieux.
1211	1	9	1	3	*La Vierge et l'enfant Jésus*, ouvrage d'un soin et d'une vigueur de ton qui surprennent également; demi-figure plus petite que nature; c'est un précieux tableau de l'école de Leonardo da Vinci.
1212	1	2	1	6	
1213	1	2	1	6	*Quatre marines*, traitées avec une belle harmonie de teintes; école
1214	1	2	1	6	de Claude Lorrain.
1215	1	2	1	6	
1216	2	2	1	6	*Oiseaux tués à la chasse, et un chien*, exécutés avec une précieuse exactitude; tableau portant le nom de G. Vongk.
1217	2	2	1	6	*Poissons*, peinture d'égal mérite.
1218	»	11	1	2	*Danaé*, petite figure, école allemande.
1219	1	3	1	»	*Sainte famille*, tableau d'un bel effet et d'une bonne exécution, par un auteur de l'école lombarde.
1220	1	2	1	»	*La tour de Babel*, petite dimension, terminée de main de maître.
1221	1	2	1	2	*Petit portrait*, exécuté avec une rare finesse.
1222	3	9	5	3	*Bergers avec des troupeaux*, petit tableau d'un bel effet; école du Bassano.
1223	1	3	1	9	*Portrait d'homme*, grandeur naturelle; il est d'une exécution très précise.
1224	1	4	1	»	*La Vierge*, demi-figure.
1225	4	3	7	4	*Un concert de musiciens villageois*. Les figures sont grandes comme nature; elles se font remarquer par le bel éclat du coloris, dans le style de l'école vénitienne.
1226	3	6	7	9	*La Cène de Jésus Christ chez le Pharisien*. Très belle copie savamment peinte, d'après le célèbre original de Paul Véronèse.
1227	4	»	3	»	*La Crèche de notre Seigneur*. Cette composition est d'une grande

NUM. d'ordre	HAUTEUR des tableaux.		leur LARGEUR		
	pieds	pouces	pieds	pouces	
					richesse, et les petits personnages dont elle est formée, sont d'un brillant coloris.
1228	3	4	2	9	*Un homme se regardant dans un miroir;* demi-figure d'un ton extrêmement vigoureux. L'exécution en est remarquable par la grande facilité du pinceau : on y reconnaît l'école de Ribera, dit l'Espagnolet.
1229	4	6	3	6	*Le Repos de la sainte Famille pendant sa fuite en Égypte.* La composition est bien conçue, pleine de grâce, d'expression, et d'un charmant effet. C'est l'œuvre de Masucci.
1230	4	»	2	9	*Prométhée dans l'assemblée des Dieux, allume son Flambeau au feu céleste.* Ce sujet est traité en petites figures, dont les groupes sont artistement distribués. L'effet de cette jolie composition est exécutée avec beaucoup d'esprit et de fantaisie.
1231	2	9	5	»	*De pieuses Matrones pansent les blessures de saint Sébastien.* On trouve dans ce tableau, un arrangement et une exécution hardis qui produisent un effet très puissant, dans le faire de Michelange de Caravage.
1232	2	6	2	»	*Notre Dame des Douleurs;* peinture pleine d'expression et de sentiment. L'effet en est bon.
1233	2	3	3	3	*Une Nymphe en fuite;* cette petite figure rappelle le style de l'école vénitienne.
1234	2	»	3	2	*Un Paysage,* la foudre y éclate, avec une vivacité d'effet pleine de verve et d'imagination.
1235	3	8	2	9	*Saint Jérôme sous les habits d'un Cardinal;* figure bien peinte et bien conçue.
1236	2	10	4	»	*Le Sommeil de Jésus; saint Joseph veille près de lui.* Ce tableau est d'une belle lumière.
1237	3	»	3	9	*Un Paysage,* savamment composé.
1238	2	3	3	3	*Sujet inconnu;* les figures en sont petites.
1239	2	3	3	»	*La Nativité du Sauveur annoncée aux Bergers.* Composition d'un bel effet.
1240	2	3	3	»	*Un Paysage avec des Troupeaux;* on y trouve le même mérite.
1241	2	5	1	8	*Hérodiade,* demi-figure.
1242	2	3	3	2	*Vues de monumens anciens,* très bien rendues par Pannini.
1243	2	3	3	2	
1244	3	»	4	»	*Paysage,* composé dans une grande manière, et d'un effet simple et noble.
1245	3	9	5	3	*Feux d'artifice,* sur la place de saint Marc à Venise.
1246	3	2	3	8	*L'Été,* allégorie rendue avec beaucoup d'art, et d'une belle exécution.
1247	3	»	4	3	*Paysage.* Il est d'une composition tout à fait grandiose.
1248	2	»	2	9	*Quatre Paysages.* Ils sont d'un bel effet et d'une grande vérité.
1249	2	»	2	9	
1250	2	»	2	9	
1251	2	»	2	9	

NUM. d'ordre	HAUTEUR des tableaux (pieds)	(pouces)	LARGEUR (pieds)	(pouces)	
1252	2	»	1	6	La Justice et la Paix.
1253	2	»	1	6	Sainte Agnès, ou la Virginité couronnée.
1254	2	»	2	3	Agar dans le Désert; cette petite figure est composée dans un Paysage admirablement rendu.
1255	2	6	2	»	
1256	2	6	2	»	Les quatre saisons. Tableaux de petites proportions, exécutés avec effet; ils sont bien compris.
1257	2	6	2	»	
1258	2	6	2	»	
1259	5	9	4	6	Armide et Rénaud; figures grandes comme nature, par le Padovanino.
1260	3	9	5	»	Bacchus et Ariane; figures plus petites que nature.
1261	3	6	5	»	Même sujet.
1262	2	»	3	»	Un Paysage.
1263	2	»	3	»	Un semblable.
1264	2	»	3	2	Vue du Forum Romain; elle est traitée avec intelligence et vérité.
1265	2	»	3	2	Vue prise d'une autre point; on y remarque les mêmes qualités.
1266	3	»	4	6	Le serpent de bronze, petites proportions. La composition est savante, le faire est de main de maître.
1267	2	9	3	9	Un Paysage, largement composé, l'exécution en est belle.
1268	7	»	7	6	Elie reçoit le pain de la veuve de Sarepte. Peinture de Lanfranco: les figures sont de grande proportion et traitées dans un style large.
1269	12	3	7	10	La descente du Saint Esprit; tableau du fameux Lebrun, dans lequel on reconnaît le génie de ce peintre. Parmi les éminentes qualités qui recommandent ce bel ouvrage, on est surtout frappé de la noble idée de l'auteur, qui a voulu entourer d'une lumière rayonnante la tête de la Vierge, dont l'éclat attire l'admiration des apôtres rangés autour d'elle.
1270	10	9	7	9	L'Assomption de la Vierge: elle est rendue par un peintre de l'école française avec beaucoup de dignité dans la composition, et de noblesse dans l'effet.
1271	8	3	1	2	Sujet inconnu, figures grandes comme nature. Peinture qui offre un ensemble remarquable d'effet brillant, et de correction de dessin, unis à une grande richesse d'imagination. Elle est de Lebrun.
1272	13	»	9	3	Une déposition de croix; composition pleine de vivacité rehaussée par l'éclat et la richesse de son effet. L'exécution en est savante et pleine de vérité.
1273	7	»	7	6	L'Ange apparaît à Elie. A son large effet, on reconnaît la main de Lanfranco.
1274	9	6	6	6	La Visitation. Tableau bien composé, bien entendu d'effet et plein d'expression.
1275	9	6	7	6	La Vocation de saint André à l'apostolat. Les figures sont grandes comme nature, et produisent un bon ensemble; elles sont de l'école française.
1276	8	»	11	6	Différents animaux, de grandeur naturelle; ils offrent une par-

NUM. d'ordre	HAUTEUR des tableaux		leur LARGEUR		
	pieds	pouces	pieds	pouces	
					faite imitation de la nature, et l'effet général en est remarquable.
1277	10	6	7	»	*La Présentation de Jésus Christ dans le temple.* Peinture de Lebrun.
1278	11	»	7	9	*Jésus Christ délivre un énergumène.* Tableau plein d'expression et d'un grand effet; c'est l'ouvrage de Coypel.
1279	8	»	11	6	*Animaux.* On y trouve une parfaite imitation de la nature et une excellente manière de colorer.
1280	11	9	7	6	*Un saint Cardinal au milieu d'une gloire.* Dans le bas du tableau on voit la justice terrestre qui tourne ses regards vers lui. L'effet en est bon, et la conception annonce une grande richesse d'imagination.
1281	7	»	6	6	*Elie se présente à la veuve qui avec son fils s'occupe à ramasser du bois.* C'est un des meilleurs ouvrages de Lanfranc, tant par son bel effet que par la correction du style et la parfaite imitation de la nature.
1282	9	6	7	9	*Le martyre d'un saint,* bon tableau de l'école française.
1283	6	»	6	9	*La présentation au temple.* Cette peinture a le mérite d'un bel aspect, d'un style large, et d'une grande vérité unie à la grâce de l'expression.
1284	7	»	6	6	*Le Prophéte Elie.* Composition tout à fait grandiose de Lanfranc.
1285	10	3	5	6	*Une sainte famille;* sujet bien rendu. Les figures en sont grandes comme nature, pleines d'expression et d'effet.
1286	9	3	6	9	*Jésus enfant, retrouvé par sa mère au milieu des docteurs:* composition et dessin d'un bon style. Ce tableau appartient à l'école française.
1287	7	9	6	3	*L'Assomption de la Vierge;* il y règne une grande variété dans les figures, et les expressions en sont belles. Peinture de l'école française.
1288	8	6	6	6	*Abraham se dispose à sacrifier Isaac.* Il embrasse son fils en lui laissant entrevoir le regret qu'il éprouve à exécuter la volonté de Dieu: le fils parait s'y soumettre avec résignation. Ce tableau d'un ensemble remarquable est senti avec une grande vérité d'expression.
1289	7	3	8	6	*Herminie descend de cheval en appercevant Tancrede blessé.* Peinture de l'école du Guerchin.
1290	8	6	8	6	*Herminie devant les pasteurs,* ouvrage du même style.
1291	11	9	6	6	*L'Institution du Pardon d'Assise.* Les figures sont grandes comme nature. Ce tableau est bien compris et d'un large style d'ajustemens: il porte le nom de Giacomo Robusti.
1292	6	9	5	9	*Notre-Dame sur son trône.* Elle est entourée de sainte Lucie et de sainte Elisabeth; figures grandes comme nature; elles sont exécutées par Palmezzani de Forli.
1293	6	6	5	»	*La Vierge sur son trône, accompagnée de quelques saints.* Tableau bien exécuté dans la manière de Giacomo Franco.

NUM. d'ordre	HAUTEUR des tableaux		leur LARGEUR		
	pieds	pouces	pieds	pouces	
1294	8	2	6	6	*Notre-Dame et l'enfant Jésus;* figures plus petites que nature. C'est une copie d'un original fort ancien.
1295	7	4	6	6	*L'adoration des Mages.* Figures de proportion ordinaire et d'une bonne exécution, dans la manière du quatorzième siècle.
1296	3	»	2	»	*Demi-figure représentant la Vierge et l'enfant Jésus;* le coloris en est vigoureux et dans le style du quatorzième siècle.
1297	4	6	2	6	*Les Apôtres partent pour aller prêcher l'évangile.* Les figures se détachent sur le fond d'un charmant paysage, elles sont peintes avec vivacité et beaucoup de soin. Elles sont de la même époque.
1298	4	6	2	6	*Accomplissement de la Rédemption des hommes.* On croit pouvoir donner ce titre à cette composition ainsi conçue. — Jésus Christ agenouillé dans une gloire et tenant sa croix, est précédé de la Vierge qui agenouillée elle même, mais plus bas, se présente à un personnage plein de noblesse et de dignité.
1299	4	6	2	6	*Dieu le Père est assis sur son trône.* Les anges qui l'entourent fléchissent les genoux, et adorent de nobles personnages qui semblent arriver. Les expressions des têtes, la dimension des figures, la parfaite ressemblance du coloris et de l'harmonie générale, dans le style; enfin les rapports entre certains accessoires de cette composition autorisent à croire que ce tableau, ainsi que le précédent, faisaient un tout auquel l'injure du temps a fait perdre quelques parties de son ensemble.
1300	4	8	3	6	*La Crèche de Notre Seigneur.* Les figures en sont plus petites que nature, elles sont exécutées avec la précision habituelle des peintres du quatorzième siècle.
1301	4	6	2	6	*La puissance des clefs, donnée à saint Pierre;* bon coloris et bonne exécution.
1302	»	9	»	7	*Petit portrait,* remarquable par sa grande vérité et son fini, dans la manière de Holbeins.
1303	»	11	»	8	*La Crèche de Jésus;* petites figures exécutées avec beaucoup de soin, dans le style du quatorzième siècle.
1304	2	1	2	»	*L'adoration des Mages.* Peinture dans le gout de l'ancienne école flamande.
1305	3	6	6	3	*Sujet allégorique.* L'origine de la vie et de la mort y est représentée par de petites figures bien colorées et bien exécutées: quelques unes d'entre elles semblent indiquer la faute des premiers parens. D'autres prouvent leur adhésion à la prédication du Précurseur saint Jean Baptiste qui les guide vers Jésus Christ, Fondateur de la Rédemption.
1306	3	1	2	»	*La Crèche de l'enfant Jésus.* Sujet traité dans le style du quatorzième siècle.
1307	2	4	2	»	*Petites figures,* représentant une chasse sur la mer.
1308	»	7	»	7	*Un petit portrait de Pétrarque;* il est bien coloré et d'un rare fini.
1309	1	2	»	11	*La mort de la Vierge;* petites figures de l'école grècque.
1310	1	2	»	11	*La Crèche de Notre Seigneur;* tableau de la même école.

—(59)—

NUM. d'ordre	HAUTEUR des tableaux		leur LARGEUR		
	pieds	pouces	pieds	pouces	
1311	1	2	»	11	Le *Sauveur avec sa croix*; tête plus petite que nature, d'une bonne exécution; ancienne école vénitienne.
1312	1	1	»	10	*La Créche de Jésus*. Les figures en sont très petites, mais exécutées avec un si grand fini, qu'on y reconnait l'ancienne école flamande.
1313	2	4	1	3	*La Vierge et l'enfant Jésus*; petites figures exécutées avec une grande expression de grâce. Le coloris en est bon et d'un rare fini, dans le style du quatorzième siècle.
1314	3	2	4	»	*La Vierge sur son trône, entourée de différens saints*; petites figures peintes avec fermeté et beaucoup de soin, par Carpaccio.
1315	3	9	1	»	*Saint Jean Baptiste et saint Jérome*; petites figures remarquables par la vigueur du coloris, elles appartiennent à l'époque de Beato Angelico.
1316	4	3	5	9	*La Sibylle qui montre à Auguste la Vierge et l'enfant Jésus dans une vision*. On y trouve aussi d'autres allégories. Petites figures soigneusement terminées.
1317	3	9	1	»	*Saint Jérome et un saint Apôtre*. Le coloris en est fort, et rappelle l'époque de Beato Angelico.
1318	3	»	3	6	*Une demi-figure représentant la Vierge tenant contre son sein Jésus enfant*. Elle caresse le petit saint Jean que lui présente un saint. Cette peinture est de la plus charmante expression, la composition en est bonne. C'est un ouvrage de Sandro Boticelli qui offre un bel effet, une grande finesse de pinceau, et une singulière richesse de couleur.
1319	2	6	1	9	*La Vierge et l'enfant Jésus dans son berceau*. Petites figures soigneusement exécutées; l'auteur appartient à l'école florentine.
1320	2	2	5	»	*Trois sujets inconnus*. Le faire en est très soigné et le coloris brillant. Ils appartiennent à la manière florentine du quatorzième siècle.
1321	2	2	5	»	
1322	2	2	5	»	
1323	2	8	2	8	*Tableau de forme circulaire, représentant une sainte famille*. Il est bien composé, et exécuté avec finesse dans le style du Verrocchio.
1324	2	2	2	2	*Une Créche et trois anges*; petites figures traitées avec délicatesse.
1325	1	3	1	3	*Saint Ambroise à cheval foule aux pieds deux hérésiarques étendus sur le terrein*. Composition allusive à la victoire remportée sur l'hérésie par le saint.
1326	1	»	»	10	*Un Empereur sur son trône*; petite composition.
1327	1	4	1	2	*Le mariage de la Vierge*, petites figures bien colorées.
1328	1	3	1	1	*Saint Jean Baptiste et un saint pontife grec*; dans le haut de ce tableau on voit la figure du Sauveur. Ce tableau appartient à l'école grecque.
1329	1	4	1	4	*Un prodige*. Petites figures très finies, dans le style de Beato Angelico.
1330	»	8	2	9	*Jésus Christ apparait à la Magdeleine et à d'autres saints*. Les petits personnages en sont traités avec une extrême précision.

NUM. d'ordre	Hauteur des tableaux (pieds)	(pouces)	Largeur (pieds)	(pouces)	Description
1331	»	4	»	4	*Petit portrait*; rendu avec un grand soin et beaucoup de vérité.
1332	»	4	»	4	*Autre*, du même mérite.
1333	»	9	1	3	*Pilate, se lavant les mains, déclare être innocent de la condamnation du Christ*. Les figures en sont petites et traitées à la manière du Giotto.
1334	1	4	1	10	*Une vision de saint François*. Peinture très soignée dans le style du Beato Angelico.
1335	1	6	1	5	*La Vierge et l'enfant Jésus*, petite composition.
1336	1	6	1	5	*Sujet inconnu*, exprimé par de petites figures.
1337	1	»	2	10	*Une Impératrice*, petite figure.
1338	1	9	1	3	*La Vierge*, demi-figure plus petite que nature. On y trouve beaucoup de grâce et de délicatesse. Elle appartient à l'école de Leonardo da Vinci.
1339	3	9	1	»	*Saint Pierre et saint Paul*; ces petites figures rappellent l'époque du Beato Angelico.
1340	3	9	1	»	*Trois Saints*. Peinture du même mérite.
1341	4	»	2	6	*La Vierge dite Notre-Dame de Loreto*. Tableau d'une grande précision et soigneusement rendu.
1342	4	6	4	6	*La Vierge adore Jésus enfant qui lui est présenté par des anges*: tableau circulaire rendu avec la plus savante délicatesse, l'expression la plus vraie et la grâce la plus exquise, par Ghirlandajo.
1343	3	9	2	6	*Saint Pierre marchant sur l'eau vers son divin maître*: tableau très bien exécuté.
1344	3	9	2	9	*Une petite crèche*. L'effet en est bon, et rappelle l'école de Sienne.
1345	3	»	4	3	*Une Allégorie relative aux sciences*. L'effet en est lumineux, et la précision remarquable. Elle est de l'école allemande.
1346	2	9	3	3	*La Vierge sur son trône avec saint Jean et saint Paul*. Ce petit tableau offre un coloris vigoureux, et un savant fini surtout dans les têtes.
1347	3	3	5	»	*Le Martyre de saint Etienne*, rendu dans la manière du quinzième siècle.
1348	2	10	2	4	*Une sainte famille*, plus petite que nature; l'effet en est vigoureux.
1349	4	6	3	4	*Rebecca et Eliezer se rencontrant au Puits*. Le style en est large et savant, dans la manière du Vasari.
1350	4	6	3	3	*Un Sujet allégorique*.
1351	2	6	1	9	*Le Martyre d'un Saint*; tableau d'une bonne exécution et de l'ancienne école flamande.
1352	2	6	1	9	*Un Ange apparaissant à un malade, au moment où deux personnages renversent des idoles*: peinture d'une grande précision et dans le style du quatorzième siècle.
1353	2	3	2	9	*Le Mariage de la Vierge*, école de Ferrare.
1354	3	3	2	9	*La Vierge et l'enfant Jésus*. L'effet en est puissant et le style très large: ce tableau est de l'école de Bologne.
1355	4	»	5	3	*Tableau divisé en trois compartimens*. Dans celui du milieu on

NUM. d'ordre	HAUTEUR des tableaux.		leur LARGEUR		
	pieds	pouces	pieds	pouces	
					voit Jésus crucifié sur le Calvaire. Dans les deux autres se trouvent deux dévots agenouillés, ayant à leurs cotés leurs saints protecteurs. Les figures de cette rare composition sont de petite dimension, le coloris en est brillant et le fini très savant. Cette belle production est de Luca d'Hollande.
1356	2	»	2	»	Tableau qui représente dans une forme circulaire et en demi-figure la Sainte Vierge; il est terminé avec intelligence et soin.
1357	2	3	1	9	Saint Jérôme dans le désert: petite figure pleine de mérite.
1358	1	6	1	»	Le Martyre de saint Sébastien. L'effet en est bon et l'exécution soignée.
1359	1	6	1	3	Une sainte famille, bien rendue.
1360	1	6	1	»	Même sujet; on y trouve beaucoup de grâce et de finesse, dans le faire de Leonardo da Vinci.
1361	»	9	»	7	La Vierge et l'enfant Jésus. Autour de ces petites figures, sont représentés les instrumens de la Passion se détachant sur un nuage d'or. Cet ouvrage est de l'ancienne école flamande.
1362	1	3	»	10	Portrait de femme, petite proportion. Il réunit un bon effet à beaucoup de précision et à un faire remarquable.
1363	1	6	1	»	Lucrèce qui se donne la mort, petite demi-figure.
1364	»	10	»	8	Jésus crucifié sur le Calvaire. On voit divers saints à ses pieds. Le fonds est orné de différens mystères relatifs à la passion. Les figures sont très petites et exécutées avec une précision extraordinaire, à la manière de l'ancienne école flamande.
1365	2	3	1	6	La Sybille montrant à Auguste la naissance du Messie; petites figures d'une grande vivacité de couleur, et dans le style du quinzième siècle.
1366	3	3	1	3	La Vierge et l'enfant Jésus; les beaux tons et la rare précision de cette peinture rappellent l'ancienne école allemande.
1367	1	9	1	6	Saint Jérôme dans le désert; l'expression est pleine de sentiment et l'exécution tout à fait remarquable.
1368	6	6	4	6	La protection de la Vierge. Les figures en sont grandes comme nature, vigoureusement peintes et d'une belle exécution.
1369	2	3	2	»	Petite sainte famille, colorée avec puissance; elle provient de l'école du quatorzième siècle.
1370	1	6	1	3	Le temps qui s'offre à la vanité. Petite peinture dans le faire de l'Albano.
1371	2	»	2	8	La Vierge sur son trône, elle est entourée de saint Etienne et de saint Laurent; copie bien faite d'après un original de Jean Bellin.
1372	2	»	2	6	La prière de Jésus dans le jardin. Peinture d'une grande finesse d'exécution et d'un grand sentiment. Elle porte le nom de Mantegna.
1373	1	6	2	6	La Vierge et l'enfant Jésus. Copie d'un superbe effet d'après le Titien.
1374	2	6	1	9	Saint Sébastien. Le coloris en est fort; cette peinture savamment terminée, appartient à l'ancienne école flamande.

NUM. d'ordre	HAUTEUR des tableaux		leur LARGEUR		
	pieds	pouces	pieds	pouces	
1375	2	6	1	9	Le Martyre de saint Sébastien. Petit tableau d'une rare précision.
1376	2	2	1	9	Une sainte famille, d'un effet vigoureux et d'un beau coloris; elle est peinte dans le style flamand.
1377	3	»	3	6	La déposition de croix. Son coloris est fort et dans la manière des anciens flamands.
1378	2	»	1	6	Nicodéme soutenant le corps de notre Sauveur mort. Peinture bien traitée dans le style de Jean Bellin.
1379	2	4	3	3	Le déluge universel; petites figures, d'un auteur flamand.
1380	1	9	2	9	La boutique d'un Fripier; peinture dans le genre flamand.
1381	2	4	3	3	L'intempérance des Juifs après avoir adoré le veau d'or. Tableau peint par un auteur flamand, mais dans la manière italienne.
1382	1	10	1	3	Les Noces de Cana: ancienne copie d'après un original flamand; elle est d'une bonne exécution.
1383	1	10	1	2	La présentation au temple. Bonne copie ayant la même origine.
1384	1	9	1	6	La Vierge, l'enfant Jésus et saint François. Composition pleine de piété et d'un coloris vigoureux.
1385	1	6	1	3	Une déposition de croix. Ancienne copie, d'un grand fini joint à un puissant effet; elle provient de l'école de Ferrare.
1386	1	9	1	3	L'adoration des Mages; bien exécutée à la manière allemande.
1387	1	9	1	3	La naissance de la Vierge et sa présentation au temple: elle est d'une grande précision.
1388	1	9	1	2	La prédication de saint Jean Baptiste, elle est vivement colorée et d'une exécution soignée; c'est une copie d'un original de l'école de Pierre Perugin.
1389	1	1	1	10	La Vierge et l'enfant Jésus. Petit tableau bien rendu.
1390	8	3	12	6	Le triomphe d'Aurélien sur Zénobie. Les figures grandes comme nature sont traitées dans cette belle composition, avec une grande largeur de style, un beau coloris et une rare habileté de pinceau, par le Tiépoli.
1391	13	2	8	6	La mort de la Vierge. La composition en est riche, et l'exécution digne d'un maitre, les figures sont grandes comme nature; ce tableau remarquable est du Scarsellino de Ferrare.
1392	8	6	9	9	Un campement militaire. On y remarque une grande richesse d'imagination, un effet très brillant joint à une bonne exécution.
1392 bis	6	1	8	1	La Magdeleine; petite figure dans un vaste paysage: elle est peinte dans la manière de l'école espagnole.
1393	1	3	2	3	Vue de la mer agitée. On y voit des navires ballotés par les vagues; cette peinture est d'une grande vérité et d'une rare précision.
1394	3	8	3	»	Portrait d'un guerrier armé en fer. Le ton en est très bon et très vrai dans le style du Tintoret.
1395	3	2	4	6	Danaé. Figure plus petite que nature.
1396	3	8	3	»	Un portrait. Il a un bon effet de couleur et une grande vérité de nature.
1397	5	6	9	6	La reine Saba se présentant à Salomon. Tableau remarquable

NUM. d'ordre	HAUTEUR des tableaux.		leur LARGEUR	
	pieds	pouces	pieds	pouces
					par un bel aspect, les figures sont de proportion naturelle et peintes à la manière de Paolo Véronèse.
1398	4	8	6	2
1399	5	2	8	3
1400	3	10	3	»
1401	4	1	3	»
bis 1401	3	4	6	9
1402	4	2	6	»
1403	3	1	4	6
bis 1403	5	4	3	7
1404	1	4	3	1
1405	1	4	3	1
1406	3	11	5	4
1407	4	»	3	»
1408	3	6	3	»
1409	3	6	3	»
1410	3	6	3	»
1411	3	6	3	»
1412	3	9	5	3
1413	3	9	5	3
1414	4	3	6	9
1415	4	3	6	3
1416	5	»	3	6
1417	1	8	1	3
1418	3	3	4	3
1419	5	9	5	»
1420	3	»	4	2

1398 — *Une troupe de soldats se disposant à l'assaut d'une forteresse.* La couleur en est excellente, et la nature y est bien représentée.

1399 — *Le Repas de Jésus Christ pendant son voyage à Emmaüs.* Ce tableau, de l'école de Ferrare, est traité avec un bel effet de couleur.

1400 — *Une sainte Famille*; cette scène est représentée par un peintre de l'école florentine, qui a su y réunir une belle couleur à une grande entente d'effet: Jésus enfant offre dans son sommeil une inconcevable vérité de nature.

1401 — *Portrait*, demi-figure dans le style vénitien.

1401 bis — *Hercule à la bivoie*: peinture d'André del Sarto. Les petites figures se détachent sur un beau fond de Paysage, elles offrent une science remarquable dans la composition et le dessin, ainsi qu'une grande force et une douce harmonie dans la couleur.

1402 — *Ganimède enlevé par l'aigle de Jupiter.*

1403 — *L'adoration des Mages*; le coloris est vigoureux et l'effet brillant: il est de l'école du Bassano.

1403 bis — *La Magdeleine portée au ciel par des anges.*

1404 — *Paysage dans lequel coule un fleuve*, la composition en est d'une grande richesse, d'un très bel aspect et d'une belle nature.

1405 — *Une marine*; du même pinceau.

1406 — *Paysage.* La composition en est pleine d'imagination, et l'ensemble puissant.

1407 — *Un Portrait.* Demi-figure d'une bonne exécution.

1408–1411 — *Quatre Apôtres*, peints avec vigueur. Ils sont attribués à l'école napolitaine.

1412 — *Jésus adolescent, au milieu des Docteurs*; demi-figures grandes comme nature.

1413 — *Les Forges de Vulcain.*

1414 — *Paysage*, noblement composé à la manière du Poussin.

1415 — *Un Pendant*, du même mérite.

1416 — *Saint Sébastien pansé par de pieuses Matrones*; l'effet en est hardi, à l'imitation du Carravage.

1417 — *Saint Jérome*, petite figure très bien composée et peinte de main de maître par Palma.

1418 — *Le Paradis terrestre.* Tableau d'un bon aspect de couleur et d'une grande liberté d'exécution, dans le style du Bassano.

1419 — *Le Martyre de saint Laurent*; l'aspect en est brillant et la couleur d'une grande vérité.

1420 — *Jésus Christ parlant aux fils de Zébédée, qui lui sont présentés par leur Mère.* Les figures grandes comme nature sont exécutées avec beaucoup d'effet et d'intelligence.

NUM. d'ordre	HAUTEUR des tableaux.		leur LARGEUR		
	pieds	pouces	pieds	pouces	
1421	7	»	4	»	Saint Ambroise; demi-figure bien colorée.
1422	7	»	3	9	La Vierge dans une gloire, elle est accompagnée de quelques saints: le ton y est d'un relief surprenant. Ce tableau est de l'école vénitienne.
1423	1	6	1	3	Saint Jérome, très petites figures bien peintes et d'une grande finesse dans la manière du quatorzième siècle.
1424	2	5	3	9	Le repas du Christ pendant son voyage à Emmaüs. L'effet en est bon.
1425	2	»	3	»	Une déposition de croix. L'effet en est satisfaisant et rendu avec une grande liberté de pinceau.
1426	2	4	1	10	La Présentation de Jésus au temple; le coloris est bon et vigoureux. Ce tableau est exécuté dans le style vénitien.
1427	3	8	5	3	Jésus Christ confond la malice des pharisiens qui lui présentent la monnaie du tribut. Cette composition est rendue avec des demi-figures grandes comme nature.
1428	3	10	5	4	Une sainte famille, Elle est d'un fort effet de couleur.
1429	1	7	3	»	Bacchus et Ariadne. Petites figures.
1430	4	5	6	»	Apollon garottant Marsias. Le style en est large et le ton d'une belle harmonie.
1431	1	6	1	9	Une femme tenant un vase. L'exécution est d'une grande précision.
1432	2	9	4	2	Les Pharisiens restent confondus à la réponse que leur fait Jésus Christ au sujet du tribut. L'aspect de cette composition est large et d'une grande vérité.
1433	3	»	4	»	Sujet inconnu. Demi-figures grandes comme nature.
1434	2	»	1	6	Un saint franciscain; il est exécuté avec beaucoup de vérité et de sentiment.
1435	1	10	1	8	Jésus portant sa croix. Le style en est simple et l'effet vigoureux.
1436	1	10	1	8	Beau portrait, de grande proportion.
1437	5	10	5	4	Mars et Vénus.
1438	1	6	1	2	Jésus crucifié; petite figure.
1439	1	6	1	»	La naissance de la Vierge.
1440	2	3	1	6	Jésus dans une gloire, il est entouré de divers saints: petite esquisse bien colorée.
1441	2	1	1	7	La Visitation de sainte Elisabeth.
1442	1	»	»	9	Le Crucifiement de Jésus Christ.
1443	1	7	3	6	Jésus devant Caïphe.
1444	4	»	3	9	Portrait, l'effet en est ferme et plein de vérité.
1445	3	9	2	9	Sainte Marie Magdeleine; demi-figure dans le style du Furino.
1446	2	6	3	4	Une sainte famille et sainte Catherine; elle est d'un très bon coloris, dans la manière du Titien.
1447	5	6	3	3	Un Portrait d'homme. Demi-figure de grandeur ordinaire; on y trouve de la vérité et de la précision.
1448	4	9	7	3	Herminie et Tancrède; figures grandes comme nature rappelant la manière du Passignano.

NUM. d'ordre	HAUTEUR des tableaux.		leur LARGEUR		
	pieds	pouces	pieds	pouces	
1449	1	9	2	3	Deux portraits, de proportion ordinaire.
1450	2	10	2	7	Un portrait de femme, d'un faire précis et vrai.
1451	3	11	2	11	Portrait d'un Cardinal; peinture d'un effet vigoureux.
1452	1	11	1	11	Saint Jérome dans le désert; figure de petite proportion.
1453	»	11	1	1	Jésus couronné d'épines. Petite figure d'un pinceau très moelleux.
1454	»	10	1	1	La Créche de Notre Seigneur. C'est un effet de nuit bien compris et savamment exécuté dans la manière du Bassano.
1455	4	3	3	»	Portrait de femme; les teintes en sont belles. On y remarque de la vérité et de la précision, l'exécution en est spirituelle.
1456	2	1	1	6	Notre-Dame des douleurs; petite figure bien colorée et bien peinte.
1457	2	»	1	6	Portrait de femme; il est d'un grand relief.
1458	2	3	1	10	Une sainte famille, composition remarquable par sa grâce.
1459	3	10	3	»	Portrait d'une noble Dame avec sa petite fille; peinture d'un bel aspect et d'une exécution très soignée.
1460	1	8	3	»	Diane et Endymion. Très petites figures.
1461	4	1	3	2	Portrait d'un Cardinal; l'effet en est lumineux et bien rendu.
1462	2	2	2	11	La confiance généreuse d'Alexandre le grand en son Médecin.
1463	4	2	3	»	Portrait d'un Cardinal; le coloris en est beau, et les étoffes d'une rare vérité d'exécution.
1464	1	8	3	»	La Résurrection de Lazare.
1465	3	4	2	11	Portrait de femme, d'un grand fini.
1466	5	1	3	4	Portrait d'un Pape; il est fortement coloré et d'une grande imitation de nature.
1467	2	6	2	1	Hérode et les Mages.
1468	2	5	2	1	La fuite en Egypte.
1469	4	3	3	»	Portrait d'un philosophe. Il est peint avec science et vérité.
1470	1	11	2	2	La Vierge entourée de divers personnages.
1471	2	5	4	6	L'adoration des Mages; petites figures largement exécutées.
1472	1	11	3	8	Des Anges sonnant de la trompette et annonçant la fin du monde; Esquisse pleine de la plus vive imagination et d'un effet fantastique.
1473	1	11	3	5	Vénus et les Grâces; petites figures.
1474	1	9	1	4	Portrait, d'une belle couleur et d'une grande vérité.
1475	1	9	1	5	Un pendant, d'un effet très vigoureux.
1476	4	6	3	6	Un jeune enfant allaité par une chienne; on voit diverses figures dans ce tableau de l'école vénitienne: l'effet en est beau et bien compris.
1477	2	9	4	»	Saint Pierre marchant sur la mer agitée, s'avance vers Jésus Christ.
1478	2	9	4	»	Jonas est rejetté sur le rivage par une mer en fureur. Cette composition est d'une grande vérité de nature; l'exécution en est pleine de hardiesse, et il y régne un grand sentiment de terreur.
1479	2	9	4	»	Paysage, d'une composition grandiose, et d'un savant effet de couleur.

NUM. d'ordre	HAUTEUR des tableaux.		leur LARGEUR		
	pieds	pouces	pieds	pouces	
1480	5	3	4	3	*La Charité romaine;* figures grandes comme nature et peintes dans la manière de l'Espagnolet.
1481	3	2	2	4	*Paysage dans le quel on voit des troupeaux.* Composition pleine de verve; l'harmonie y est complète et l'imitation de la nature portée à un haut degré, dans la touche de Salvator Rosa.
1482	3	»	2	3	*Demi-figure de vieillard,* on croit qu'elle représente Archimède: le faire rappelle le style napolitain; l'expression en est parfaite.
1483	2	9	4	»	*Paysage,* son aspect est remarquable; il appartient à l'école de Salvator Rosa.
1484	2	11	2	2	*Autre paysage,* du même mérite.
1485	2	5	4	4	*La pêche miraculeuse faite par saint Pierre.* Excellente copie de la fresque peinte dans un des escaliers du Vatican.
1486	4	1	1	3	*Un Paysage,* dont la belle couleur est accompagnée d'une admirable exécution.
1487	3	»	3	11	*Autre paysage;* l'effet en est bon, et l'on y trouve une parfaite imitation de la nature.
1488	1	3	1	7	*Une bataille.*
1489	4	6	3	5	*Le repentir de saint Pierre:* figure grande comme nature et qui rend parfaitement le sujet.
1490	5	5	4	»	*L'ombre de Samuel apparaissant à Saül:* tableau d'une belle couleur.
1491	3	7	5	2	*Un Paysage.*
1492	5	7	4	4	*La Vision de Jacob.*
1493	4	6	2	10	*Diogène jette sa coupe en voyant un jeune garçon qui boit dans le creux de sa main.*
1494	4	7	3	5	*Le repentir de saint Pierre.*
1495	4	1	2	11	*Jésus tenté dans le désert.*
1496	2	4	1	10	*Un vieillard;* demi-figure pleine de vérité.
1497	1	11	1	5	*Tête de vieillard.*
1498	2	»	1	5	*Saint Jean Baptiste;* petite figure d'un effet de nuit fort bien rendu.
1499	2	»	1	6	*Sujet tiré de la Mythologie.*
1500	1	10	1	4	*Une Bambochade.*
1501	1	8	1	3	*Paysage dans le quel on voit l'ange Raphael et Tobie.*
1502	4	10	3	3	*Un Philosophe.*
1503	4	4	5	11	*Un Paysage.*
1504	2	3	1	10	*Tête de femme;* l'effet a une grande saillie.
1505	2	9	3	6	*Des Enfans qui chantent en chœur.*
1506	1	11	1	4	*Tête de vieux,* d'une grande vérité.
1507	2	3	1	10	*Tête de vieillard,* plus grande que nature: le coloris en est bon, et l'aspect singulièrement remarquable.
1508	2	4	3	»	*Deux têtes de vieillards.*
1509	2	»	1	5	*Autre tête de vieux.*
1510	2	4	1	10	*Saint François;* demi-figure de grandeur naturelle.
1511	3	2	2	6	*Galatée,* figure de petite proportion.
1512	3	»	2	6	*Portrait d'une femme avec son fils;* demi-figures qui réunissent à l'éclat d'un bel aspect, une grande vérité et un savant fini.

NUM. d'ordre	HAUTEUR des tableaux		leur LARGEUR		
	pieds	pouces	pieds	pouces	
1513	3	4	4	9	Alexandre le Grand, au moment de mourir, partage son empire entre ses amis. Cette scène composée de petites figures, est bien comprise et bien colorée.
1514	3	4	4	9	Alexandre visitant la Famille de Darius; tableau dans le quel ou retrouve les mêmes qualités que dans le précédent.
1515	4	2	6	6	Un Paysage.
1516	3	6	5	4	Autre Paysage; très bonne copie d'après Nicolas Poussin.
1517	2	4	1	11	Portrait de femme; d'une grande vérité de couleur, et d'un effet harmonieux.
1518	3	10	5	1	Timoclée prisonnière, est menée avec sa famille devant Alexandre.
1519	3	6	3	10	Entrée triomphante de Jésus dans Jérusalem; cette composition est bien rendue et bien peinte.
1520	3	9	5	2	Sujet inconnu; il représente peut être le départ d'Hélène.
1521	3	6	5	4	Paysage, de grande dimension, le sujet est tiré de la vie de Phocion; excellente copie d'après l'original de Nicolas Poussin.
1522	4	2	6	6	Saint Jérome; petite figure peinte dans un paysage d'une composition grandiose.
1523	5	»	3	8	Saint Jean Baptiste, de grandeur naturelle; l'effet en est remarquable.
1524	2	6	3	11	Galatée.
1525	3	7	2	8	La Transfiguration.
1526	3	1	4	1	La fuite en Egypte.
1527	3	3	5	1	Eliezer et Rebecca se rencontrant au puits. Ces petites figures sont artistement peintes et l'effet en est satisfaisant.
1528	3	9	5	3	Un Paysage avec des Bergers.
1529	3	3	4	»	La continence de Scipion.
1530	2	10	4	2	Le couronnement de la Vierge, on y voit divers Saints. Le style des draperies est d'un beau choix, et l'exécution intelligente.
1531	3	2	2	6	Le Prophète Elie est réveillé par l'Ange qui l'invite à prendre de la nouriture, et à continuer son voyage. Il y a dans cette composition un bon effet et beaucoup de vérité.
1532	6	4	6	»	La Créche de Notre Seigneur.
1533	»	8	»	10	Deux Bergers d'Arcadie, petites demi-figures de l'école du Carrache.
1534	5	4	4	9	La mort de la Vierge; cette petite composition est exécutée dans le style du quatorzième siècle.
1535	3	9	5	4	Paysage, d'un bel aspect et d'une grande vérité.
1536	3	3	4	1	Autre Paysage, savamment peint.
1537	2	10	4	1	Autre Paysage, dont la composition, pleine de génie, est traitée avec une grande liberté de pinceau.
1538	4	7	9	2	Paysage, d'un style large et d'une grande harmonie de couleur.
1539	3	9	5	3	Autre Paysage.
1540	2	9	1	10	Sujet inconnu; il représente peut être Agabo prédisant l'arrestation de saint Paul.
1541	2	9	1	11	Saint Paul délivrant un énergumène.
1542	»	9	1	11	Une Bacchanale.

NUM. d'ordre	HAUTEUR des tableaux		leur LARGEUR		
	pieds	pouces	pieds	pouces	
1543	4	5	9	»	Grand Paysage, dans lequel on voit la mer. (Tableau peint en maître.
1544	1	10	2	3	Autre Paysage, bien coloré.
1545	1	6	1	11	Autre Paysage: on y trouve la même qualité.
1546	1	8	1	5	Jésus couronné d'épines; composition d'un bel aspect, et d'une admirable expression.
1547	1	4	1	»	Une apparition céleste se manifeste à un Dominicain.
1548	1	6	1	»	La Vierge. Demi-figure, rendue avec précision et intelligence.
1549	1	6	1	1	Tête de femme, très bien peinte.
1550	1	4	1	2	Tête de vieux, elle est d'une grande vérité.
1551	1	10	1	5	Autre, du même mérite.
1552	1	5	1	1	Autre Tête de vieillard.
1553	1	10	2	3	Le Jugement de Paris.
1554	1	6	1	2	Une Tête de vieux, elle offre une grande facilité de pinceau.
1555	1	1	»	10	Autre, de vieillard.
1556	1	4	1	1	Tête de vieux, l'exécution en est douce et pleine de naturel.
1557	1	2	1	»	Saint François: petite demi-figure peinte avec beaucoup de sentiment et de précision.
1558	3	»	4	»	Paysage, il est d'un effet remarquable.
1559	1	3	1	»	Petit Paysage, dont la couleur est très agréable.
1560	1	2	1	»	Un Autre, du même mérite.
1561	2	9	4	1	La création d'Eve.
1562	2	3	1	9	La Vierge et l'enfant Jésus dans une gloire. Charmantes figures d'un large pinceau, dans la manière du Baroccio.
1563	1	3	3	9	La Conception; jolie petite figure qui rappelle la manière de Carlo Maratta.
1564	7	9	4	9	Jésus dans une gloire; on y voit différens saints. Cette peinture est d'une couleur vraie.
1565	6	1	5	10	La Vierge et l'enfant Jésus dans une gloire; ils sont accompagnés de saint Dominique et de saint François; l'effet en est satisfaisant.
1566	2	9	2	6	La Vierge dans une gloire. Ebauche.
1567	4	2	2	10	La Vierge et l'enfant Jésus sur leur trône, deux saints sont à leurs côtés; tableau bien coloré et bien conduit.
1568	3	8	3	»	Une sainte famille, merveilleusement composée et d'un singulier effet de couleur.
1569	3	»	4	2	Paysage, d'un beau ton.
1570	7	»	4	7	Portrait, figure entière, grande comme nature. L'exécution en est savante, la couleur en est belle, et l'on y trouve beaucoup d'expression.
1571	4	6	3	7	Une sainte famille, gracieusement groupée.
1572	2	11	3	»	Paysage, richement composé, il y a beaucoup d'effet et de vérité.
1573	3	»	4	»	Autre paysage, d'une belle exécution.
1574	4	3	3	»	Deux jeunes filles, grandes comme nature. Belle imitation jointe à une grande correction de dessin.

NUM. d'ordre	HAUTEUR des tableaux (pieds)	(pouces)	leur LARGEUR (pieds)	(pouces)	Description
1575	4	6	5	3	Une Bambochade.
1576	3	»	3	9	La modestie et la vanité.
1577	1	3	1	2	La Résurrection du Christ. Elle est d'un coloris très ferme.
1578	1	4	1	»	Le Crucifiement de saint Pierre; c'est une ébauche d'un bel effet.
1579	1	3	»	10	Le martyre de sainte Agnès; petites figures en clair obscur et bien exécutées.
1580	1	»	1	5	Petit paysage, bien composé et bien coloré.
1581	1	1	1	4	Autre paysage, dont l'effet est très vigoureux.
1582	1	1	1	5	Autre paysage, également traité.
1583	3	1	1	11	Sainte Marie Magdelaine, reçoit le sacrement de l'Eucharistie de la main des anges; composition très bien rendue en petites figures.
1584	2	1	1	6	Portrait d'une femme, il est exécuté avec soin.
1585	3	3	3	»	Saint François, la figure est grande comme nature et peinte presque dans la demi-teinte, avec beaucoup d'expression.
1586	3	»	2	3	Téte d'un philosophe; elle est d'une grande proportion et très bien colorée par Luca Giordano, dans le style de l'Espagnolet.
1587	2	»	1	8	Un Portrait; l'exécution est pleine de science et de vérité; l'effet en est vigoureux. C'est une peinture de l'école italienne au quinzième siècle.
1588	2	3	1	9	Portrait d'une femme; demi-figure grande comme nature; où y trouve une forte expression de nature. C'est l'ouvrage de Benefiale.
1589	2	6	1	9	Autre portrait de femme, traité dans le style vénitien.
1590	3	»	5	»	Demi-figure de vieux qui joue de la guitare; elle est bien colorée et pleine de naturel.
1591	3	»	5	»	Deux vieillards qui s'embrassent, cette peinture présente un effet d'un style large.
1592	2	6	2	»	Un Portrait, bien peint.
1593	3	»	2	3	Un philosophe en méditation; peinture de Luca Giordano dans la manière de l'Espagnolet.
1594	4	4	6	9	Paysage, richement composé et d'un effet harmonieux.
1595	4	4	6	9	Un autre, du même mérite.
1596	2	9	5	3	Paysages, remarquables par la richesse, le grandiose et l'effet de leurs compositions.
1597	2	9	5	3	
1598	5	»	6	6	
1599	3	9	9	»	
1600	3	9	7	6	
1601	3	9	7	6	
1602	3	9	6	9	
1603	2	9	6	10	Autre Paysage, dans lequel Diane est le principale figure.
1604	3	6	4	7	Trois Portraits réunis, grande imitation de la nature.
1605	3	5	2	5	Portrait d'une femme de distinction. Il est exécuté avec beaucoup de soin et d'intelligence.
1606	6	»	4	7	La mort de Sisara; les figures sont grandes comme nature.

NUM. d'ordre	HAUTEUR des tableaux		leur LARGEUR		
	pieds	pouces	pieds	pouces	
1607	3	3	2	8	*Saint François*, demi-figure de grandeur ordinaire; on y trouve beaucoup d'effet et de sentiment.
1608	3	9	2	10	*Jésus montré au peuple*; peinture d'une grande vérité et remarquable par le moelleux du pinceau.
1609	3	1	3	»	*Saint Jérome*; demi-figure, l'effet en est large et savant.
1610	3	6	4	3	*Hercule à la Bivoie*; demi-figures grandes comme nature.
1611	3	5	2	9	*Alvaro Semedo, du collége chinois*. Le style en est bon ainsi que l'effet.
1612	4	1	3	»	*Une sainte Famille*, bien colorée.
1613	4	1	3	»	*Une autre*, composée de grandes figures savamment rendues.
1614	4	1	3	»	*Une autre sainte Famille*, demi-figures; la composition est noble, et la couleur remarquable.
1615	3	10	3	7	*Judith*, copie d'après le Titien.
1616	2	10	2	1	*Portrait d'homme*, bien coloré et bien vrai.
1617	5	6	8	3	*Une Bataille*.
1618	7	»	5	6	*La visitation de sainte Elisabeth*; l'effet en est bon et naturel.
1619	3	»	3	»	*Un Apôtre*; le coloris en est vigoureux et rappelle l'école napolitaine.
1620	2	3	1	8	*Portrait d'homme*, demi-figure grande comme nature. C'est un bel ouvrage dans le faire d'André del Sarto.
1621	2	3	1	10	*Autre Portrait*; il appartient à l'école française; cette peinture se distingue par la science du faire, elle est pleine de vie.
1622	2	3	1	10	*Portrait de femme*, provenant de la même école.
1623	1	6	1	4	*Le repos des Hébreux après le passage de la mer rouge*; les figures en sont petites.
1624	3	3	2	4	*Sainte Marguerite*; tableau fortement coloré et qui rappelle l'école du Guerchin.
1625	2	3	1	10	*Un Portrait de femme*; l'effet en est doux et vrai; école française.
1626	2	3	1	10	*Un autre*, même grandeur.
1627	2	3	2	3	*Portrait d'homme*; il offre de belles teintes et une savante vérité.
1628	2	9	2	2	*La Vierge et l'enfant Jésus*. L'exécution en est soignée et dans la manière du Sassoferrato.
1629	2	8	2	»	*Sainte Catherine*. Elle est d'une exécution pleine de précision.
1630	3	1	2	5	*Le mariage de sainte Catherine*; composition d'un grand savoir et d'un brillant effet.
1631	2	6	2	2	*Sainte Faustine en compagnie d'anges et de saints*: figures bien traitées; le ton en est beau, et les expressions sont très gracieuses.
1632	1	8	1	3	*Jésus adolescent, caresse saint Jean Baptiste et l'institue son précurseur. Le saint s'agenouille avec révérence devant le Sauveur*. Cette délicieuse scène, composée de petites figures, est remarquable par le soin et l'intelligence de la composition.
1633	1	8	1	2	*Le mariage de sainte Catherine*.
1634	2	5	1	11	*L'oraison du Christ dans le jardin*; c'est un petite peinture dont l'effet est très vif, et l'exécution pleine de vérité.

NUM. d'ordre	HAUTEUR des tableaux		leur LARGEUR		
	pieds	pouces	pieds	pouces	
1635	4	1	2	9	*Saint Étienne*, la figure est de grandeur naturelle, l'effet en est bon et l'exécution très soignée.
1636	1	11	3	»	*Sainte Marie Magdelaine* est portée au ciel par des anges: les figures sont très petites.
1637	3	»	2	2	*La Vierge et l'enfant Jésus*; dite ordinairement la Madonne de Montserrato; l'aspect est remarquable par sa vigueur.
1638	2	2	1	9	*Une sainte Famille*, de grandeur au dessous de la nature; cette peinture est d'une bonne exécution.
1639	2	6	2	1	*Sainte Catherine*, demi-figure de grandeur naturelle.
1640	1	7	1	4	*Un sujet allégorique*. Demi-figure.
1641	2	9	2	2	*L'Archange Gabriel*, apprend à Tobie l'usage qu'il doit faire du fiel de poisson; l'effet de ce tableau est très vigoureux.
1642	1	11	3	»	*Saint Onofre*. Petite figure savamment exécutée.
1643	2	1	1	6	*Tête de jeune homme*; elle est d'une belle couleur et peinte avec suavité.
1644	1	11	1	6	*Saint Jean Baptiste*.
1645	1	10	2	3	*Le repos pendant la fuite en Egypte*; cette peinture, bien que de petite dimension, est d'un effet très puissant.
1646	1	9	2	1	*Un Satyre et une Nymphe*.
1647	2	3	1	10	*Une sainte Famille*.
1648	4	1	3	»	*Un Portrait d'homme*; figure entière, mais un peu moins grande que nature; le coloris en est bon et vrai.
1649	3	»	2	2	*Sainte Agnès*.
1650	2	2	1	9	*Sainte famille*; tableau plein d'expression.
1651	1	11	1	5	*La descente du Saint Esprit*.
1652	2	»	1	8	*La Vierge et l'enfant Jésus*; composition pleine de noblesse, et bien exécutée.
1653	2	7	2	2	*Portrait du Cardinal Roberto de' Nobili*.
1654	2	3	1	10	*Portrait d'homme*; il est bien peint et d'un bel aspect.
1655	1	3	1	8	*Vue de ruines antiques*; on y voit représenté, entre autres choses, le prodige de la Piscine probatique.
1656	3	5	2	10	*La Vierge et l'enfant Jésus qui dort*; grandeur naturelle, tableau d'un effet satisfaisant.
1657	3	»	2	3	*Jésus montré au peuple*.
1658	2	11	4	2	*La vocation de Moyse*, représentée dans un paysage largement peint et d'une grande harmonie de couleur.
1659	1	10	2	1	*Le Baptême de Jésus Christ*; tableau composé en maître. Les teintes en sont d'une grande fraicheur, et l'effet très brillant.
1660	2	10	2	2	*Portrait de femme*; il est bien rendu.
1661	2	3	1	10	*Saint Thomas D'Acquin*.
1662	4	9	5	9	*Les Chrétiens soignent saint Sébastien après son martyre*. Le faire en est hardi et robuste, à la manière du Chevalier Calabrese.
1663	1	9	1	3	*Un petit Paysage avec des animaux*. La couleur en est bonne et la composition remarquable.

NUM. d'ordre	HAUTEUR des tableaux.		leur LARGEUR		
	pieds	pouces	pieds	pouces	
1664	1	9	1	3	Un Autre, du même mérite, on y voit un beau cours d'eau.
1665	3	9	2	9	Saint Sébastien soigné par de pieuses Matrones. Peinture qui se distingue par un bel agencement de figures, et par un bon aspect. Elle appartient à l'école française.
1666	2	3	2	10	Moyse présentant au peuple les tables de la loi.
1667	1	4	2	6	Une Bataille; elle est peinte avec sentiment et beaucoup de soin; son effet est brillant.
1668	1	6	2	»	Enée revêt les armes que Vulcain a fabriquées pour lui.
1669	4	6	3	»	Malvine pince de la Harpe devant Ossian, ces figures sont bien rendues, et appartiennent à l'école française.
1670	3	6	2	6	Une Marine, traitée d'une manière large et lumineuse; par sa précision et sa grande finesse, elle rappelle la touche de Manglar.
1671	3	6	2	6	Pendant, du même mérite.
1672	3	6	4	6	Une Eruption volcanique; elle réunit un grand effet à une parfaite imitation de la nature.
1673	1	8	1	11	Petit Paysage, bien composé et d'un faire piquant et soigné.
1674	1	6	1	8	Sujet allégorique. Les figures en sont très petites.
1675	1	6	2	»	Paysage au clair de lune. L'effet en est large.
1676	3	6	3	9	Sujet allégorique; exprimé par une figure grande comme nature.
1677	3	6	3	9	Un Pendant; du même genre.
1678	2	6	2	»	La Parabole de l'Evangile: ou les hommes appelés à travailler la vigne.
1679	2	9	3	»	Sujet mythologique; petites figures.
1680	1	6	2	2	Une Bataille; l'effet en est bon et savant, dans la manière du Borgognone.
1681	1	6	2	2	Une autre, dans laquelle on retrouve les mêmes qualités.
1682	2	6	3	4	Jésus déposé sur les genoux de Marie; sujet rendu avec intelligence et avec soin. L'aspect en est imposant; il est de l'école française.
1683	2	9	2	9	Eliezer et Rebecca; petites figures exécutées sur une toile circulaire. Elles sont de la même école.
1684	3	8	2	9	Une déposition de croix; d'un beau ton, et d'un très grand effet; elle appartient à l'école indiquée ci-dessus.
1685	2	10	2	4	La Crèche de Jésus. Belle composition, exécution savante et soignée; même école.
1686	5	»	6	6	Une réunion en Famille, de grandeur naturelle; même école.
1687	4	9	4	»	Une Femme avec un jeune enfant; la couleur en est claire et agréable. Ce tableau est d'un grand relief et d'une bonne exécution.
1688	3	9	4	9	Paysage, composé dans un style grandiose, et vrai. Il rappelle la manière du Poussin.
1689	1	3	1	9	Petit Paysage représentant un orage. L'effet en est large et surprenant.
1690	1	3	1	9	Un autre Paysage, coucher de soleil, peint avec beaucoup de finesse.

NUM. d'ordre	HAUTEUR des tableaux		leur LARGEUR		
	pieds	pouces	pieds	pouces	
1691	»	7	»	6	*Petites figures*, rendues avec beaucoup de soin. Elles représentent sans doute la reine Saba.
1692	»	7	»	6	*Un Pendant*; il représente la charité.
1693	5	»	6	6	*Paysage*, d'un effet large et qui rappelle le faire de Claude Lorrain.
1694	4	»	4	2	*Une scène d'intérieur*; sujet traité avec intelligence et dans le style de Gherardo delle Notti.
1695	3	3	2	8	*La charité*; petite grandeur: elle est attribuée à l'école française.
1696	3	10	5	4	*L'intérieur d'une Famille villageoise*; demi-figures de grandeur naturelle.
1697	3	»	4	2	*Laban surprenant la Famille de Jacob.* Le paysage, d'un effet vigoureux, est traité par un peintre français dans le style du Poussin.
1698	3	10	5	3	*Une Crèche.* Grand paysage dans lequel les petites figures sont rendues avec beaucoup de grâce.
1699	3	2	4	2	*Le Déluge universel*; tableau remarquable par une grande liberté de pinceau.
1700	2	2	3	2	*Bataille*; elle est traitée avec une rare imagination: école française.
1701	2	2	3	2	*Un Pendant*, du même mérite.
1702	1	6	2	3	*Un Paysage*; l'effet en est vigoureux à l'imitation de Salvatore Rosa.
1703	1	3	»	10	*Le Crucifiement*; il présente, dans une petite dimension, une grande force d'effet et de coloris.
1704	1	6	1	9	*Paysage*; l'aspect en est d'une rare fermeté.
1705	3	6	2	6	*Le repentir de saint Pierre*, demi-figure de grandeur naturelle.
1706	4	10	3	8	*Une sainte Famille*; les figures grandes comme nature, sont d'un bel effet, traitées largement, et surtout d'une exécution précieuse.
1707	5	»	3	3	*La Charité romaine.*
1708	1	4	2	»	*La montée de Jésus au Calvaire*; petit tableau de main de maître, par Sébastien Bourdon.
1709	3	»	4	3	*L'enlèvement d'Europe*; petites figures.
1710	2	6	2	»	*Une Femme avec un enfant.*
1711	3	»	1	10	*La Crèche de Notre Seigneur.* La composition en est savante, l'exécution présente un bel ensemble et une grande précision: c'est l'oeuvre de Lebrun.
1712	1	2	1	9	*Paysage*, bien composé et bien peint.
1713	2	6	2	2	*Un autre*, qui est d'un bel effet et d'une belle exécution.
1714	3	9	3	3	*Le sacrifice de Jephté.* Les figures en sont petites.
1715	1	3	1	»	*Portrait*, de grandeur audessous de la nature, il est d'une vérité remarquable.
1716	1	2	1	»	*Une Paysanne*, petite figure.
1717	3	4	3	2	*Jésus mort et déposé sur les genoux de la Vierge Marie.* Tableau bien rendu pour l'effet et la précision.
1718	2	2	2	10	*Un Poëte aveugle qui chante*; on croit que c'est Homère, cette figure est pleine d'effet et de vérité.
1719	1	9	1	6	*Une femme portant un masque*; petite figure.

NUM. d'ordre	HAUTEUR des tableaux.		leur LARGEUR		
	pieds	pouces	pieds	pouces	
1720	2	2	2	6	*Un Paysage*, d'un bel aspect et d'une touche très large, attribué à Lantara.
1721	2	2	2	6	*Un Pendant*. Il offre les mêmes qualités et représente un soleil couchant.
1722	2	4	2	9	*Autre Paysage*. La composition en est grandiose, l'effet bien entendu et l'exécution savante.
1723	1	9	1	6	*Scène de famille*. Petites figures remarquables par leur précieux fini et leur vérité.
1724	2	»	1	6	*Une femme occupée a lire*. Ce petit tableau est d'un rare mérite; aux qualités d'une bonne composition, d'un bel effet et d'un excellent style, il réunit une admirable imitation de la nature et le fini le plus parfait: le vêtement de soie blanche du personnage est d'une perfection difficile à décrire.
1725	2	»	1	6	*Un nègre présente des rafraichissement à sa maitresse*. La composition est bonne, l'ensemble harmonieux et le fini très recherché.
1726	2	»	1	6	*Une femme caressant un chien*. Cette peinture surprend par la douce clarté de son effet, par la perfection du style, et la délicatesse précieuse de sa belle exécution.
1727	»	9	1	»	*Un Paysage*, d'une très belle couleur et d'un faire savant et achevé.
1728	»	9	1	»	*Un soleil couchant*; il offre les mêmes qualités.
1729	1	2	1	»	*Petit Portrait*, d'un bel effet. On y reconnait l'école française.
1730	1	6	1	3	*Une fête de campagne*. Petites figures de femmes et de jeunes enfans.
1731	1	»	1	3	*Une Bambochade*. Les figures sont très petites, mais bien terminées et d'une grande vérité.
1732	1	2	»	10	*Portrait de femme*.
1733	2	»	4	3	*Portrait d'un peintre*; il est d'une bonne exécution et d'un bon effet.
1734	3	2	4	4	*Une femme jouant du luth*. Figure de grandeur naturelle.
1735	3	»	2	»	*Une déposition de croix*. Petite tableau d'un effet très vif; il appartient à l'école française.
1736	2	3	3	9	*Marine*; elle est peinte dans une belle manière.
1737	2	3	2	2	*Autre Marine*, d'une belle couleur et d'un effet large et brillant.
1738	1	10	1	6	*Une femme se retournant pour regarder un chien qui porte une lettre*. La couleur de cette petite peinture est bonne et l'exécution soignée.
1739	1	8	1	10	*Une famille de Villageois pleurant la mort d'un jeune enfant*. L'effet en est remarquable, et le rendu d'une délicatesse surprenante.
1740	2	»	1	6	*Une femme ornée d'une guirlande de fleurs*.
1741	4	2	6	»	*La Religion chassant l'idolâtrie*. Le rendu en est satisfaisant.
1742	4	6	3	»	*Paysage*; la composition est d'une riche imagination.
1743	4	6	3	»	*Un Pendant*, du même mérite.

— (75) —

NUM. d'ordre	HAUTEUR des tableaux.		lour LARGEUR		
	pieds	pouces	pieds	pouces	
1744	1	6	1	9	*Une femme réveillant un musicien*; l'effet en est brillant: le paysage dans le quel se passe cette scène est peint avec un gout exquis.
1745	1	9	1	6	*Une femme qui chante.*
1746	2	6	3	2	*Belle Marine*, d'un aspect très lumineux et dans le style de Manglar.
1747	2	4	3	2	*L'incendie d'une ville.* L'effet en est complet et d'une grande vérité.
1748	1	4	1	9	*Petite Marine*, très bien exécutée.
1749	1	4	1	9	*Autre Marine*, du même mérite.
1750	1	9	2	»	*Un Paysage*, tableau qui se fait remarquer par son bel effet et son brillant coloris. Il est peint par Vernet (Joseph.)
1751	5	»	7	»	*Une Fête de Matelots.* Peinture très brillante, et bien terminée.
1752	4	»	3	»	*Le jeune Daniel défendant l'innocence de Susanne.* Ce tableau d'un style élevé et d'une belle exécution, est du célèbre Lebrun.
1753	1	9	1	6	*Tableau représentant différens costumes*; le faire en est précieux.
1754	1	9	1	6	*Autre tableau* du même mérite, mais dont l'effet est plus prononcé.
1755	2	2	3	»	*L'éducation de Bacchus.*
1756	2	2	3	»	*Une Paysanne astrologue*, en costume moderne.
1757	1	»	1	3	*Une Cabane de Bergers.* Petit tableau d'un peintre flamand moderne. Le coloris en est excellent et le rendu très soigné.
1758	1	2	1	6	*Un repas de Villageois dans la campagne*; l'effet est vif et harmonieux, le paysage riche et d'une belle exécution.
1759	1	2	1	6	*Le retour des travaux champêtres.* Tableau du même mérite.
1760	1	2	1	3	*Petit Paysage*, coloré en maitre.
1761	5	3	8	»	*Le Martyre de saint André*, bonne copie d'après le Dominiquin.
1762	2	»	1	6	*Un Portrait*; remarquable par sa couleur.
1763	1	6	2	»	*Petit Paysage.* L'imitation de la nature y est complète.
1764	4	9	6	9	*Un homme attaché à la queue de chevaux qui s'emportent*; savante peinture de Pietro Testa.
1765	2	3	2	9	*La mort enlevant la beauté*; le coloris en est bon.
1766	1	6	2	»	*Paysage.* Il est d'un bel effet, et l'on y trouve l'imitation de la nature.
1767	5	»	6	2	*La délivrance de saint Pierre*; c'est une copie de la belle fresque de Raphael.
1768	2	»	1	6	*Portrait d'homme*, rendu avec beaucoup d'effet et de savoir.
1769	1	6	2	»	*Paysage*, d'une grande vérité.
1770	4	6	6	»	*Copie d'une partie de l'admirable fresque de Raphael*, connue sous le nom de la dispute du saint Sacrement.
1771	3	8	4	6	*Bacchanale*, copie en petites figures, exécutées à la manière du Poussin.
1772	3	8	5	»	*Diane s'offrant à Endymion*; copié d'après le Poussin.
1773	5	6	8	»	*Le Temple de Delphes*; bonne copie d'après le beau tableau de Claude Lorrain.

—(76)—

NUM. d'ordre	HAUTEUR des tableaux		leur LARGEUR		
	pieds	pouces	pieds	pouces	
1774	2	6	5	2	Paysage, peint en maitre.
1775	1	3	1	»	Le Portrait de Nicolas Poussin; la couleur en est belle, et d'une grande vérité.
1776	1	»	1	4	Moyse sauvé du Nil par la fille de Pharaon; tableau remarquable par l'excellence du style: c'est l'oeuvre de Nicolas Poussin.
1777	3	8	4	9	Minerve arrache l'homme à la volupté. Les figures en sont petites.
1778	3	6	5	»	Paysage, d'une composition grandiose. C'est une bonne copie d'après l'original de Nicolas Poussin.
1779	3	8	5	3	Une Bacchanale, composée en petites figures.
1780	3	9	5	»	Le Déluge universel; copie de l'original de Nicolas Poussin.
1781	2	9	5	4	Galatée, copie d'après le même maitre.
1782	4	6	6	»	Le dernier repas de Jésus Christ.
1783	2	»	1	6	Portrait; remarquable par une belle imitation de la nature.
1784	1	5	2	»	Paysage; l'effet en est vigoureux.
1785	3	10	4	8	Le massacre des Innocens. Demi-figures de grandeur naturelle.
1786	3	»	4	2	L'Eau jaillissant du rocher; miracle opéré par Moyse dans le désert. Les figures sont de petite proportion.
1787	5	2	7	5	Saint André allant au martyre; belle copie d'après le Guido Reni.
1788	2	11	4	2	Saint Bruno en prière, il est représenté dans un paysage d'une composition tout à fait grandiose.
1789	6	»	4	5	Apollon garrottant Marsias. Figures grandes comme nature et savamment traitées.
1790	3	7	4	4	Entrée triomphale d'un Empereur. Cette composition, en petites figures, produit un excellent effet.
1791	3	»	4	1	Diane et Actéon.
1792	3	11	7	7	Paysage; il est d'un grand style de composition, et l'exécution en est de main de maitre.
1793	2	»	1	6	Portrait de Jérome Aleandro.
1794	4	2	5	6	Une Bacchanale.
1795	3	9	7	6	Paysage, d'une grande noblesse et admirablement peint.
1796	1	4	1	10	Petit Paysage, d'un bel effet et d'une bonne exécution.
1797	3	11	5	5	Une Bacchanale.
1798	2	6	2	»	Une figure de Femme dans une grotte. Elle est dans le style romantique.
1799	2	6	2	»	Sujet inconnu, exprimé avec de petites figures.
1800	4	9	5	6	La Chasse de Diane. Ce tableau est du célèbre Le Sueur.
1801	4	9	7	3	Le dernier Repas de Notre Seigneur. Cet ouvrage est du au pinceau du célèbre Valentin; on y trouve la touche ferme, la couleur vigoureuse, et la savante imitation de la nature de ce maitre.
1802	2	6	2	»	Une jeune fille, de grandeur naturelle, cette demi-figure se distingue par un bel aspect; elle porte le nom d'Alexis Grimon.
1803	2	9	2	2	Deux petites figures de Femmes dont l'une est occupée à lire.
1804	5	3	6	»	Saint Antoine de Padoue opérant un Prodige; L'aspect en est très harmonieux.

NUM. d'ordre	HAUTEUR des tableaux.		leur LARGEUR		
	pieds	pouces	pieds	pouces	
1805	1	6	1	3	*Tête de Femme*; d'un beau ton.
1806	2	2	3	»	*La rencontre de Rachel avec Jacob*; petite composition pleine de suavité, par Sébastien Bourdon.
1807	4	»	7	»	*Un sacrifice*. Tableau bien coloré.
1808	1	6	2	»	*Paysage*, peint par Both; la nature y est bien comprise, et l'effet plein de vigueur.
1809	1	6	2	»	*Un Pendant*, il a les mêmes qualités.
1810	3	»	4	2	*La tentation de Jésus Christ dans le désert*; ce sujet est représenté dans un paysage d'une grande noblesse de style, et dont le coloris est à la fois large et plein d'harmonie.
1811	»	10	1	3	*Petit Paysage*, du fini le plus précieux.
1812	1	»	1	4	*Autre Paysage*, d'une exécution très terminée dans le gout de l'école flamande.
1813	»	10	1	4	*Même sujet*, on y trouve les mêmes qualités et une rare imitation de la nature.
1814	1	»	1	3	*Autre Paysage*; parfaitement rendu dans un ton vigoureux.
1815	1	4	1	3	*Paysage*; savamment composé.
1816	5	6	4	»	*La Chasteté châtiant l'amour*; l'effet en est large et agréable.
1817	5	3	4	»	*Prodiges opérés par saint Paul*; très bonne copie d'après Le Sueur.
1818	5	»	4	»	*Le char du soleil*.
1819	1	6	2	»	*Paysage*; bien peint et parfaitement coloré, dans le style de Both.
1820	2	9	3	9	*Autre Paysage*; la composition en est noble, et l'exécution très soignée.
1821	1	6	2	2	*Autre Paysage*, d'une grande harmonie de couleur.
1822	1	3	1	9	*Autre*, dont l'effet est très brillant et très prononcé.
1823	1	2	1	6	*Autre*, d'une exécution savante et d'un délicieux aspect.
1824	1	2	1	6	*Saint André se préparant à souffrir la torture*; petit tableau peint avec une grande intelligence, et remarquable par la lumière.
1825	»	11	»	8	*Petit Paysage*, il est d'une bonne couleur et bien rendu.
1826	1	3	1	9	*Autre*, dont l'effet est très vif.
1827	4	»	5	9	*Fête champêtre*. Les figures sont petites; ce tableau est de Vatteau.
1828	4	»	5	9	*Autre tableau*, du même auteur.
1829	3	3	2	9	*Un jeune garçon mangeant des huîtres*. On y trouve beaucoup de vérité dans l'expression.
1830	3	8	2	4	*Les premières victimes de la Religion chrétienne*; petites figures admirablement bien rendues par Le Sueur.
1831	2	9	2	3	*Deux enfans*, de grandeur naturelle; l'expression en est délicieuse et réunit une grande saillie de couleur à une parfaite vérité.
1832	2	»	1	6	*Portrait d'une jeune Fille qui donne à manger à un serin*. Tableau de Greuze.
1833	1	6	1	3	*Une petite Fille tenant des fleurs*; Le fini en est très précieux, on y trouve une grande imitation de la nature et une douce harmonie de couleur.
1834	3	»	4	»	*La fuite en Egypte*; savamment rendue par Sébastien Bourdon.

NUM. d'ordre	HAUTEUR des tableaux.		leur LARGEUR		
	pieds	pouces	pieds	pouces	
1835	4	3	3	6	Une jeune Fille, couronnée par l'amour.
1836	3	3	3	8	Le Colin maillard, jolie composition en petites figures.
1837	1	6	1	3	Portrait d'une petite Fille, de grandeur naturelle; l'ensemble en est remarquable.
1838	1	4	1	2	Une petite Fille s'appuyant sur un livre, jolie composition de Greuze.
1839	2	9	2	2	Une jeune Fille implorant le rétablissement de sa mère qui est infirme; charmant groupe, qui réunit un très heureux effet à une grande vérité dans les expressions.
1840	2	»	2	6	Paysage; la composition est riche, le coloris parfait, et l'effet très piquant.
1841	1	3	1	»	Une demi-figure, de grandeur naturelle; elle est d'une belle couleur, et bien peinte.
1842	1	2	1	6	Paysage, l'exécution en est très délicate.
1843	1	4	1	2	
1844	1	4	1	2	
1845	1	4	1	2	
1846	1	4	1	2	
1847	1	4	1	2	Petits Tableaux représentant divers traits de la vie de saint Bruno; ce sont de parfaites copies d'après les beaux originaux de Le Sueur.
1848	1	4	1	2	
1849	1	4	1	2	
1850	1	4	1	2	
1851	1	4	1	2	
1852	1	4	1	2	
1853	1	4	1	2	
1854	5	6	4	»	Saint Jérome, figure grande comme nature, d'une belle exécution et d'une grande vérité.
1855	2	4	3	2	Paysage.
1856	1	3	1	2	Portrait de Femme, d'un savant pinceau.
1857	1	6	2	»	La fuite en Egypte, moment du repos. On y trouve une grande intelligence et une belle imitation de la nature.
1858	3	3	4	3	Une sainte Famille. Figures de moyenne proportion.
1859	3	4	4	3	La famille de Jacob en voyage; ce tableau est remarquable par son bel effet, et par un rare savoir, c'est l'oeuvre de Sébastien Bourdon.
1860	4	8	3	3	Le sacrifice de Jephté, il est bien composé et l'exécution en est soignée.
1861	3	2	4	2	Une Bacchanale, petites figures.
1862	7	2	5	9	Le jeune Daniel défendant Susanne. Le style des personnages de cette belle composition, est d'une grande noblesse, et digne de son auteur, le fameux Lebrun.
1863	6	»	8	»	Jésus Christ chassant les marchands du Temple; l'ensemble de cette belle scène est d'une grande hardiesse, et d'un puissant coloris: les expressions en sont admirables. Ce tableau est du Valentin.

—(79)—

NUM. d'ordre	HAUTEUR des tableaux		leur LARGEUR		
	pieds	pouces	pieds	pouces	
1864	7	»	5	9	*La Femme adultère.* Cette peinture conçue dans un haut style, est un bel ouvrage de Sébastien Bourdon.
1865	3	»	4	3	
1866	3	»	4	3	
1867	3	9	5	3	
1868	3	»	4	3	
1869	3	»	4	3	*Paysages de grandeurs diverses*; ils appartiennent tous à l'école de Nicolas Poussin. Ils sont tous remarquables par leurs belles qualités. Dans les uns on admire une composition plus ou moins riche et variée; dans les autres on trouve un effet large, puissant, spirituel et vigoureux : quelques uns réunissent plusieurs de ces différens mérites, au plus haut degré.
1870	2	3	4	»	
1871	1	9	2	»	
1872	2	4	3	»	
1873	3	2	3	10	
1874	2	10	4	»	
1875	3	3	4	2	
1876	1	6	2	»	
1877	1	6	2	»	
1878	2	3	3	»	
1879	2	3	3	»	
1880	3	2	2	9	*Bacchus avec des Faunes et des Satires*; ces figures sont d'une exécution ferme dans la manière de Nicolas Poussin.
1881	6	3	4	3	*Paysage*, richement composé et d'un effet très vigoureux; on y voit des hommes et des troupeaux frappés de terreur, et renversés par la foudre qui éclate sur leurs têtes.
1882	6	6	3	11	*Marine, par un temps clair.*
1883	2	3	3	»	*Paysage*, bien composé et d'une grande vérité de nature.
1884	6	6	3	11	*Autre*, d'un aspect doux et harmonieux.
1885	2	3	4	1	*Mars et Vénus.* Petites figures.
1886	2	3	3	»	
1887	2	3	3	»	*Paysages*, qui offrent un mélange d'effet brillant, d'imitation de nature et de science d'exécution.
1888	2	3	3	»	
1889	1	6	2	»	
1890	2	4	3	»	*Galatée*; petite figure.
1891	2	4	3	»	*Petite copie*, d'une partie de la Fresque de Raphael connue sous le nom d'école d'Athènes.
1892	2	4	3	»	*Satyre qu'on mène lié devant une nymphe.*
1893	2	»	2	11	
1894	1	6	1	11	
1895	2	3	3	»	*Paysages*, dans lesquels on trouve réunis à un degré plus ou moins élevé, l'harmonie de la couleur, la grâce, la vérité, la variété, le soin et la facilité d'une exécution brillante et vigoureuse.
1896	2	3	3	»	
1897	1	6	2	»	
1898	1	6	2	1	
1899	1	6	2	»	
1900	3	1	4	9	
1901	2	3	3	»	
1902	2	3	4	2	*Autre Paysage*, remarquable par l'imitation de la nature.

NUM. d'ordre	HAUTEUR des tableaux.		leur LARGEUR		
	pieds	pouces	pieds	pouces	
1903	3	6	5	»	} *Autres Paysages*, qui renferment les qualités décrites plus haut. On observe toutefois que les deux derniers sont de Nicolas Poussin.
1904	3	6	5	»	
1905	3	6	5	»	
1906	3	6	5	»	
1907	»	11	1	6	
1908	»	11	1	6	
1909	1	6	2	4	*Petits Enfans qui couronnent une Idole*; l'exécution en est bonne.
1910	4	9	5	6	*Saint Jérome*, figure de très petite proportion, peinte dans un paysage de forme ovale. Ce tableau est conçu avec une grande liberté d'imagination.
1911	2	2	1	9	*La voix de Dieu se fait entendre pour reprocher à Caïn la meurtre de son frère Abel*; esquisse exécutée en maitre.
1912	2	2	4	»	*Paysage*, d'une composition grandiose, et dans le style du Poussin.
1913	5	4	7	2	*Jacob et Rachel*, représentés dans un paysage remarquable par la noblesse du style et le savoir du rendu.
1914	3	»	4	1	*Thétis portée dans un char, sur la mer.*
1915	3	4	4	6	*Sujet tragique*; les figures en sont de petite proportion.
1916	3	»	4	2	*Sujet inconnu*; il représente peut être Moyse sauvé des eaux.
1917	2	3	3	»	*Rachel au Puits.*
1918	3	»	3	7	*Le Voyage en Egypte*; petites figures vigoureusement peintes.
1919	2	3	3	»	*Dieu apparait à Abraham*; copie d'après la fresque de Raphael, et qui se voit dans les loges du Vatican.
1920	3	»	4	1	*Le Voyage en Egypte*, composition pleine de grâce et d'expression.
1921	1	»	1	4	*Petit Paysage*, plein de douceur, d'effet et de savoir.
1922	1	10	2	3	*Paysage* savamment composé.
1923	1	5	1	10	*Jupiter peignant en présence de Mercure*; esquisse allégorique rendue de main de maitre.
1924	1	4	1	4	*Paysage*, d'un pinceau doux et harmonieux.
1925	2	1	1	8	*Dieu reprochant à Caïn la mort de son frère Abel.*
1926	1	6	1	11	*Alexandre visitant Diogène*; petite esquisse.
1927	1	9	1	9	*Désespoir d'une famille qui entoure une femme mourante.* Les figures en sont petites.
1928	1	6	2	4	*L'enfant Jésus auquel des chérubins présentent la croix.*
1929	1	6	2	»	*Une Bacchanale.*
1930	1	7	1	4	*Le déluge universel*; l'effet en est terrible.
1931	1	7	1	4	*Une Bacchanale.*
1932	2	»	1	6	*Le repas du Pharisien*; belle composition d'une grande vivacité de couleur.
1933	1	»	1	10	*Petit Paysage*, dont l'effet est très clair.
1934	3	8	6	»	*Autre Paysage*, d'un style grandiose.
1935	4	7	6	11	*Paysage*; il unit à une belle composition une grande vigueur de ton.
1936	1	5	3	»	*Autre Paysage*, qui offre les mêmes qualités, mais dont l'exécution est remarquable.
1937	1	7	1	4	*Une Bacchanale.*

NUM. d'ordre	HAUTEUR des tableaux. pieds	pouces	leur LARGEUR pieds	pouces	
1938	1	11	1	6	La *Vierge et sainte Anne.*
1939	2	»	1	5	Le dernier repas de Jésus Christ.
1940	1	11	1	6	Sujet inconnu.
1941	1	11	2	3	*Paysage*; la composition en est supérieure.
1942	1	2	1	5	*Autre*, plus petit, mais d'un mérite égal.
1943	»	11	»	11	Les Hébreux recueillant la manne: petites figures bien traitées.
1944	1	1	1	4	Un *Paysage*.
1945	1	6	2	»	*Autre Paysage*, remarquable par la vigueur du coloris, et une grande vérité.
1946	2	10	2	2	Petite sainte *Famille*.
1947	3	»	4	1	*Paysage*, dont le sujet est Apollon et Mydas.
1948	1	9	2	1	Une *Nymphe en fuite*.
1949	2	»	1	»	Une figure académique représentant un pasteur.
1950	1	5	2	»	Deux petites figures, qui représentent peut être Junon et Iris.
1951	2	2	1	11	*Vénus pleurant la mort d'Adonis*.
1952	3	»	4	»	Sujet tiré de la Mythologie.
1953	3	9	4	3	Saint Paul et saint Barnabé refusent de sacrifier aux idoles.
1954	4	2	6	6	Grand *Paysage*, largement peint.
1955	1	2	3	6	*Autre Paysage*.
1956	1	6	2	»	*Autre*, peint avec une grande imagination, par l'Orizonte.
1957	1	9	1	6	Une *Dame* occupée à sa toilette, s'afflige en voyant son miroir tombé et brisé en morceaux.
1958	2	2	1	9	Une sainte *Famille*, bien composée et d'un bonne exécution.
1959	1	6	2	2	*Paysage*, grandement conçu et admirablement peint.
1960	»	11	1	4	*Paysage*, très bien entendu de composition, et d'une exécution vraie et soignée.
1961	2	4	3	10	*Autre Paysage*, traité dans un style très large.
1962	2	4	3	10	Un *Pendant*; il unit à la grandeur et à la richesse de l'imagination, un effet plein d'harmonie.
1963	2	»	1	6	Une sainte *Famille*.
1964	1	»	1	3	Petit *Paysage*.
1965	1	1	1	4	Un *Autre*.
1966	1	2	2	»	Charmant *Paysage*. Le site en est délicieux, et d'une grande vérité.
1967	1	2	1	5	Un *Autre*, d'un bel effet et d'une bonne exécution.
1968	2	3	1	10	Un *Satyre* tenant une coupe dans la quelle un enfant presse des raisins.
1969	2	6	3	3	La *Samaritaine*.
1970	1	9	1	4	Un petit *Amour*.
1971	1	3	1	6	*Paysage*, bien conçu et d'une exécution soignée.
1972	2	3	3	»	*Bambochade*.
1973	1	2	1	6	Petit *Paysage*, rendu avec précision.
1974	1	10	2	3	*Autre*, d'un bon effet.
1975	2	6	3	3	*Susanne*.
1976	1	»	1	»	Une *Poète* qui chante dans un repas; sujet extrêmement bien rendu.

NUM. d'ordre	HAUTEUR des tableaux.		leur LARGEUR		
	pieds	pouces	pieds	pouces	
1977	1	9	3	»	Paysage, d'une grande vérité d'exécution.
1978	5	»	3	6	La Vierge est occupée à mettre à l'enfant Jésus ses vêtemens; Composition pleine de grâce, dans le goût de l'école florentine: elle est exécutée largement, et l'aspect en est d'une bonne couleur.
1979	4	6	7	»	La rencontre de Jacob et de Rachel; cette peinture, d'un excellent coloris, se fait aussi remarquer par un beau faire.
1980	7	»	8	»	La chasteté de Joseph; bon tableau.
1981	6	»	8	»	Diane et Actéon.
1982	4	6	6	10	L'Enlèvement d'Ilas.
1983	4	3	6	2	Le Baptême de Clorinde; figure un peu plus petite que nature.
1984	6	9	5	3	Susanne; figure de proportion ordinaire.
1985	3	8	5	3	Sujet inconnu.
1986	3	»	4	»	La Création du premier homme; composition de petite dimension, et très soignée.
1987	7	3	11	»	Les filles de Loth.
1988	6	»	4	5	Diane et Caliste.
1989	6	»	4	6	Susanne; les figures en sont grandes comme nature.
1990	3	6	6	»	Les filles de Loth; les personnages sont de moyenne proportion.
1991	4	»	6	»	Le jugement de Paris. Les figures sont de grandeur un peu au dessous de la nature.
1992	3	9	3	6	Le corps de sainte Marie Magdeleine transporté par les anges. Les figures, bien que petites, sont empreintes d'un grand sentiment.
1993	6	3	5	»	Mars et Vénus, figures de grandeur naturelle.
1994	3	4	4	5	Une Vénus, de proportion ordinaire.
1995	3	3	2	6	Judith, demi-figure.
1996	3	»	4	2	La mort de Didon.
1997	3	9	5	2	La chaste Susanne; figure grande comme nature.
1998	2	»	1	7	Même sujet, d'une dimension inférieure.
1999	2	3	1	7	Angélique et Médor.
2000	2	11	4	»	Tarquin et Lucrèce.
2001	2	11	4	11	Une figure vue de dos; elle représente probablement un Philoctète.
2002	3	3	4	5	Une Vénus avec un Amour.
2003	3	5	5	3	La chaste Susanne; les figures sont de proportions ordinaires.
2004	4	2	3	»	Un Faune jouant d'un instrument.
2005	4	1	2	11	Le sommeil de l'Amour.
2006	»	11	1	4	Nymphe endormie; petite figure.
2007	1	6	2	»	Jupiter et Antiope; même proportion de figure.
2008	1	6	1	11	Léda, même grandeur.
2009	4	6	6	»	Ariane.
2010	2	4	3	»	Une Galatée, petite figure.
2011	3	»	4	1	Les filles de Loth. Même proportion pour les personnages.
2012	4	6	6	»	Vénus sortant des ondes.
2013	2	11	4	1	Diane et Endymion.

NUM. d'ordre	HAUTEUR des tableaux		leur LARGEUR		
	pieds	pouces	pieds	pouces	
2014	2	5	3	6	La chaste Susanne.
2015	3	9	3	»	Vénus et un Amour.
2016	4	1	2	11	Apollon dans une gloire; tableau d'un effet remarquable.
2017	4	3	3	»	Une Bacchante; figure plus petite que nature.
2018	3	8	5	3	La chaste Susanne.
2019	3	9	5	3	Vénus et Adonis.
2020	3	10	5	4	Les filles de Loth.
2021	4	6	6	»	Même sujet, dont les figures sont grandes comme nature.
2022	5	3	6	9	Une Bacchanale; les figures sont de proportion ordinaire, et rappellent l'époque de Piere de Cortone.
2023	8	6	12	»	Pie Sept remet au Cardinal Consalvi, en présence de divers Prélats, le concordat fait entre lui et l'Empereur Napoléon. Cette belle composition, due au pinceau du célèbre Wicar, se fait remarquer par un bel aspect et un style noble et sévère; les ajustemens sont merveilleusement rendus, et l'exécution en est soignée dans les moindres parties. Les étoffes de soie, les broderies d'or, enfin tous les accessoires en sont peints avec une rare perfection.
2024	6	8	6	»	Dieu le Père s'est placé devant Jésus crucifié. On voit deux saints à ses cotés. Cet ouvrage est rendu dans la manière de Leandro Botticelli, avec cette finesse et cette imitation de nature qui distinguent si éminemment l'école du quinzième siècle.
2025	4	6	6	9	L'Annonciation; tableau d'une bonne manière de faire; il réunit un bel effet à un style noble et simple.
2026	8	9	5	8	Une Déposition de croix; les figures en sont grandes comme nature. C'est une copie d'après le Guerchin, elle est pleine de la plus touchante expression.
2027	5	»	4	8	Saint Jean Baptiste; cette figure de jeune homme, de grandeur naturelle, est d'un brillant effet; elle est bien comprise et d'une parfaite imitation de la nature: elle rappelle le style de Michelange de Caravage.
2028	3	2	4	9	Marie rencontre Jésus allant au Calvaire; figures plus petites que nature. Le style des draperies est d'un grand savoir; ce tableau est remarquable par l'expression et le fini des personnages de cette scène douloureuse.
2029	5	9	3	2	Portrait d'une Dame de distinction; elle est représentée vêtue d'une riche étoffe d'argent brodée. Cette peinture est précieuse par son grand fini, et la fraicheur de son coloris: la tête surtout est d'une vérité parlante.
2030	1	9	1	9	Une Tête de saint, par Guido Reni. Elle est remarquable par le moelleux de son effet, son expression de vérité et une grande suavité de pinceau.
2031	1	9	1	9	Autre Tête d'un saint qui parait méditer sur une tête de mort. On y trouve toutes les qualités éminentes décrites plus haut. Mais dans celle-ci, l'effet général est plus prononcé.

NUM. d'ordre	HAUTEUR des tableaux		leur LARGEUR		
	pieds	pouces	pieds	pouces	
2032	4	9	1	9	Autre Tête représentant saint Antoine Abbé. Elle brille par le même mérite que les précédentes.
2033	2	6	1	2	Portrait d'un Architecte; demi-figure de grandeur ordinaire; la nature y est très bien imitée.
2034	2	3	1	10	Autre Portrait, peint avec intelligence; l'effet en est large et bien accusé.
2035	3	2	2	6	Portrait de Dominique Trevisano. Il est d'une parfaite vérité.
2036	5	6	7	3	La Vocation de saint Mathieu; Le style en est grandiose et savant.
2037	8	3	5	6	L'Adoration des Pasteurs. Composition bien entendue, d'un bon style et bien terminée.
2038	9	»	6	3	Saint Grégoire célébrant la sainte Messe; composition grandement peinte, les figures sont de proportion naturelle.
2039	9	»	6	3	Saint André est déposé de la croix; sujet dans les mêmes proportions et d'un effet très hardi.
2040	10	2	6	9	La Vierge dans une gloire; les figures plus grandes que nature, y sont composées dans un style grandiose: on est frappé de l'harmonieuse distribution de la lumière. Ce tableau appartient à l'école de Bologne.
2041	8	»	4	10	La Vierge sur son trône, on y voit sainte Agnès et sainte Claire. Les figures sont grandes comme nature; elles sont remarquables par un style large et la grâce des expressions.
2042	8	3	6	»	La Vierge dans une gloire. On y voit saint Laurent et saint Bonaventure; grande et belle composition rendue avec beaucoup de soin.
2043	2	1	6	2	Jeux d'enfans.
2044	2	»	1	7	Portrait de femme, de grandeur naturelle; l'exécution en est pleine de finesse et d'intelligence.
2045	4	»	3	»	L'enlèvement d'Europe.
2046	2	8	1	9	Le repos pendant la fuite en Egypte; l'effet en est bon et bien rendu. Sujet allégorique; petites figures.
2047	4	8	4	1	La Vierge; peinture du Guido Reni, remarquable par son beau
2048	3	»	2	3	relief, son expression, et la délicatesse du fini.
2049	2	10	2	3	La Vierge.
2050	3	»	4	»	L'Ange Raphael.
2051	3	»	2	2	L'Ange Gardien, peint dans un couronne de fleurs.
2052	3	»	4	2	Notre Dame.
2053	3	»	2	3	Une sainte Famille.
2054	3	2	2	2	Judith, demi-figure.
2055	2	3	4	6	Un Glacier; il est admirablement peint.
2056	2	10	3	11	Saint François; l'exécution en est belle, et l'expression bien sentie.
2057	2	3	1	10	Demi-figure de femme avec des fleurs, l'effet est hardi et plein de force.
2058	2	3	1	10	L'Ange Gabriel.
2059	2	»	6	1	Jeux d'enfans.
2060	3	»	2	2	Portrait, il est bien peint.

NUM. d'ordre	HAUTEUR des tableaux.		leur LARGEUR		
	pieds	pouces	pieds	pouces	
2061	3	3	2	2	Saint Jérome; demi-figure, d'un effet très franc.
2062	3	»	2	3	Autre saint Jérome, il est du même mérite.
2063	2	»	6	1	Jeux d'enfans.
2064	2	»	1	6	Une sainte Famille, d'une exécution soignée et pleine de sentiment.
2065	2	»	1	3	Tête de Vieillard.
2066	2	»	6	1	Jeux d'enfans.
2067	2	»	1	6	Demi-figure de femme.
2068	3	3	2	4	Une Autre, peinte dans une belle manière.
2069	1	6	1	2	Une sainte, demi-figure.
2070	2	2	2	11	Jésus enfant, caressant saint Jean Baptiste; composition pleine de naturel.
2071	1	11	1	6	Un Portrait, d'une vérité parfaite.
2072	2	»	2	3	Saint Antoine, demi-figure grande comme nature.
2073	2	2	1	10	Angélique et Médor, petites figures.
2074	2	9	2	»	Saint Charles Boromée en prière; l'effet est d'une grande vigueur, et le style large.
2075	2	3	1	10	Un Portrait; il est coloré de main de maitre.
2076	»	10	1	9	Un Paysage.
2077	2	2	1	9	Notre Dame, demi-figure.
2078	2	3	1	11	Tête de vieillard. Elle est rendue avec une grande facilité de pinceau et beaucoup de vérité.
2079	2	»	1	6	Portrait, de grandeur naturelle; l'exécution en est bonne.
2080	2	»	1	6	Une Tête; son effet est bien prononcé.
2081	1	»	1	»	Notre Dame, demi-figure, rendue en maitre.
2082	1	»	1	4	Une femme et son enfant.
2083	1	11	1	5	La Vierge aux douleurs.
2084	1	5	1	2	Tête de vieillard.
2085	2	3	1	11	Sujet inconnu, l'effet en est large.
2086	2	3	1	9	Saint Jean Baptiste, demi-figure, d'une exécution libre et hardie.
2087	1	11	1	5	Le Sauveur, demi-figure.
2088	1	10	1	7	Demi-figure, elle représente un jeune homme.
2089	5	4	3	8	La puissance des clefs de l'Eglise. Composition de figures au dessous de la nature.
2090	1	11	1	5	Demi-figure de vieillard, on a probablement voulu représenter saint Pierre.
2091	6	2	4	6	La Résurrection de Lazare.
2092	11	9	6	3	Notre Dame dans une gloire: dans la partie inférieure, on voit diverses figures de saints. Cette belle composition est d'un style tout à fait grandiose, la couleur en est brillante, et rappelle l'école vénitienne.
2093	7	»	8	2	La Naissance de la Vierge; riche composition, remarquable par un effet piquant.
2094	8	»	5	8	Le Mariage de sainte Catherine; on y voit quelques figures de saints. Les personnages sont de grandeur naturelle, leur exécution est pleine de précision.

NUM. d'ordre	HAUTEUR des tableaux		leur LARGEUR		
	pieds	pouces	pieds	pouces	
2095	8	»	6	»	*La Vierge sur son trône*; elle est accompagnée de saints divers; c'est une peinture de Jacques Bertucci. La couleur en est belle et le style très distingué.
2096	10	»	7	1	*Le corps de Jésus déposé sur les genoux de la Vierge*; les figures sont plus grandes que nature, il règne un grand sentiment religieux dans cette composition.
2097	3	»	4	3	*La Paix tient par la main une femme dont le front est orné d'un soleil*; les figures sont de proportion naturelle.
2098	3	6	4	10	*La Justice et la Paix s'embrassant*; tableau peint par Viliberti.
2099	3	»	4	2	*Un jeune homme et une jeune femme*, demi-figures.
2100	7	10	4	3	*Le Repos pendant la fuite en Égypte.* La composition est noble, et le style très large.
2101	2	9	2	9	*Une sainte Famille*; peinture circulaire. L'exécution en est soignée, le coloris se distingue par une grande saillie; on y retrouve le faire d'Antonio Pollajuolo.
2102	8	3	5	6	*Autre sainte Famille.* L'effet en est remarquable; les figures, grandes comme nature, sont gracieuses par leur expression; on les croit de l'école de Pierre de Cortone.
2103	6	9	3	9	*Judith.* Figure de grandeur ordinaire.
2104	7	4	6	8	*La chaste Susanne, servie par ses femmes.* Peinture dans le goût du Titien.
2105	6	9	4	4	*La charité*, figure de grandeur moindre que nature. Elle est peinte dans la manière de Pierre de Cortone, et se distingue par un grand relief et un bon effet de couleur.
2106	2	9	2	3	*Portrait d'un homme revêtu d'un costume de guerrier.* Le fini bien entendu en est rendu dans le style du Bronzino.
2107	3	»	3	»	*Peinture circulaire*; l'effet en est vigoureux. C'est un ouvrage de Balthasar Peruzzi.
2108	2	9	2	6	*Une femme remettant à un soldat une tête coupée.*
2109	2	»	2	»	*Tableau de forme circulaire*; on y a représenté, en très petites figures, les quatre parties du monde. On y voit aussi de petites figures allusives, et Salomon et Numa dans le milieu de la Composition.
2110	2	2	2	9	*La Vierge, l'enfant Jésus et divers Saints*, petites demi-figures peintes dans un très beau ton, et d'un précieux fini.
2111	8	9	5	9	*Notre Dame sur son trône et tenant l'enfant Jésus*; on y voit aussi des Saints. Les figures grandes comme nature offrent une composition remarquable par un savant agencement, un style noble et une grande unité d'effet.
2112	6	6	5	»	*Renaud retient Armide qui veut se donner la mort.*
2113	4	3	3	3	*Une sainte Famille*, de grandeur naturelle, c'est une très belle copie d'après André del Sarto.
2114	6	»	4	»	*L'évanouissement de sainte Catherine de Sienne*; très bonne copie en grandes figures, de l'original de Piazzi.
2115	2	9	3	»	*La Vierge dépose l'enfant Jésus dans les bras d'un Saint.* Petites figures.

NUM. d'ordre	HAUTEUR des tableaux (pieds/pouces)		leur LARGEUR (pieds/pouces)		
2116	4	6	5	3	Jephté, vainqueur des Ammonites, s'afflige en voyant sa fille venir toute joyeuse à sa rencontre.
2117	3	3	3	»	La Vierge et l'enfant Jésus; cette composition, en demi-figures, est d'un excellent effet.
2118	1	»	2	2	Les Hébreux ramassant la manne dans le désert; ce tableau peint par le célèbre Masaccio, en très petites figures, est remarquable par une grande intelligence d'exécution et un fini admirable.
2119	2	9	2	2	Un Portrait de femme, demi-figure de grandeur naturelle, et d'un effet de couleur surprenant.
2120	2	9	2	9	Une sainte Famille peinte sur une toile circulaire; l'exécution en est bonne.
2121	1	4	1	»	Saint Joseph avec l'enfant Jésus, petites figures terminées avec beaucoup de savoir.
2122	5	3	3	6	Sainte Marie Magdeleine est portée au Ciel par les Anges; Les figures sont de proportion de nature.
2123	5	4	5	4	Sainte Famille savamment représentée dans une forme circulaire. Elle rappelle l'école de Pierre de Cortone.
2124	4	3	6	2	Un concert de musique; demi-figures de proportion ordinaire.
2125	2	»	1	6	Demi-figure représentant Cléopatre; elle appartient à l'école florentine.
2126	2	6	2	»	Sainte Catherine, autre demi-figure traitée largement, et de la même école.
2127	1	4	»	8	Saint Jean Baptiste, petite figure, très bien rendue en grisaille, elle appartient à l'école du quatorzième siècle.
2128	1	4	»	8	Saint Jean l'Evangeliste, figure pareille à la précédente en toutes ses parties.
2129	1	4	1	1	Portrait, de grandeur naturelle, admirablement bien rendu.
2130	6	1	4	7	La Vierge et l'enfant Jésus dans une gloire; on y voit aussi un saint Evéque et des anges. L'effet de cette peinture est d'une grande hardiesse; la composition en est intelligente.
2131	1	6	1	»	La Résurrection de notre Sauveur; elle est exécutée avec une grande précision, et une grande clarté d'effet, par Spagna, élève du Perugin.
2132	3	1	2	8	La Vierge et l'enfant Jésus. Demi-figures bien composées.
2133	2	9	2	2	Jésus couronné d'épines; demi-figures d'une belle exécution: les tons y sont d'une belle couleur et l'aspect très brillant. Ce tableau est du au pinceau du capucin Génois.
2134	4	»	3	3	Sainte Famille. Les figures sont de petite proportion et remarquables par leur grâce et leur expression.
2135	1	10	2	3	Jésus montant au Calvaire, ouvrage d'un bel effet et bien coloré.
2136	2	10	2	5	Hérodiade; demi-figure grande comme nature, elle est peinte avec soin.
2137	2	3	1	10	La Vierge et l'enfant Jésus. Petit tableau remarquable par sa grâce.
2138	1	4	1	11	La Déposition de Jésus au tombeau. Composition de petites figures.

NUM. d'ordre	HAUTEUR des tableaux.		leur LARGEUR		
	pieds	pouces	pieds	pouces	
2139	1	7	1	10	Jeux d'enfans, gracieuse composition.
2140	1	»	1	10	L'Aurore; petite esquisse.
2141	5	4	3	10	Le martyre d'une sainte; les figures sont de petite proportion.
2142	1	»	»	10	Tête de femme, de grandeur naturelle.
2143	1	3	»	9	Jésus crucifié, la Vierge, saint Jean et la Magdeleine sont à ses pieds. L'exécution de ce petit tableau est très soignée.
2144	1	4	1	1	Sujet allégorique, exprimé par deux petites figures.
2145	3	1	2	3	Saint Jérôme; figure plus petite que nature, rendue avec autant de soin que d'intelligence.
2146	1	»	»	9	Un Portrait; il est bien compris et d'une grande saillie.
2147	3	»	2	3	L'innocence, demi-figure de proportion ordinaire.
2148	3	3	2	4	Femme tenant une torche, demi-figure.
2149	1	»	»	8	Une femme avec une petite fille; petites figures.
2150	3	3	2	3	L'Hymen, figure grande comme nature.
2151	1	2	»	11	La Vierge.
2152	»	10	»	7	Une sainte Famille; elle est d'une bonne exécution.
2153	2	8	2	3	Les filles de Loth, demi-figures de proportion ordinaire.
2154	4	10	4	3	Saint Sébastien soigné par les chrétiens; ce tableau est d'un bel effet.
2155	3	»	3	10	La Samaritaine au Puits; la couleur en est bonne.
2156	3	»	2	3	Hérodiade, demi-figure grande comme nature.
2157	3	»	2	3	Une Sybille; demi-figure.
2158	2	1	1	7	Un Portrait; l'effet en est d'une grande vigueur.
2159	8	»	2	2	Une femme faisant de la musique, cette figure est agréablement peinte.
2160	»	9	»	8	Petite figure à cheval et habillée en guerrier, on a sans doute voulu personnifier l'Europe et ses costumes; ce petit tableau est coloré de main de maître.
2161	2	2	1	8	Une Sainte. Peinture rendue avec soin.
2162	»	9	»	8	Petite figure à cheval; on a voulu sans doute représenter l'Amérique. L'exécution en est précise.
2163	»	9	»	8	L'Afrique, représentée par un Nègre; petit tableau du même mérite.
2164	»	9	»	7	Petite vue d'intérieur; elle est d'un grand fini et d'une grande lumière.
2165	3	»	2	2	La Vierge, l'enfant Jésus et saint Joseph. L'effet en est large et savant.
2166	1	6	1	3	Une demi-figure de femme. Rendue avec intelligence et grande force de couleur.
2167	1	6	1	1	Petite peinture qui représente sans doute une sainte Catherine.
2168	»	10	1	7	La Vierge et l'enfant Jésus, petites figures peintes avec intelligence.
2169	»	9	»	8	Petite figure à cheval, qui représente peut être l'Asie. Elle est bien peinte.
2170	4	5	3	1	Saint Jérôme, de grandeur ordinaire, on y trouve beaucoup d'effet et d'expression.

NUM. d'ordre	HAUTEUR des tableaux (pieds)	(pouces)	leur LARGEUR (pieds)	(pouces)	
2171	5	»	1	6	*Saint Paul*; la composition est bonne et rappelle le faire du Giotto.
2172	5	»	1	6	*Autre Apôtre.* On y trouve la même qualité.
2173	3	6	3	6	*La sainte Famille et des anges*, se trouvent représentés, dans ce tableau de dimension circulaire, avec beaucoup d'intelligence et de connaissance de la couleur. Il est de l'école du Verrocchio, à l'époque de Léonard de Vinci.
2174	3	»	3	4	*Le Père Eternel et le Saint Esprit, accompagnés d'une multitude d'anges*, peinture dans le style du quatorzième siècle.
2175	6	»	4	3	*La Vierge sur son trône avec l'enfant Jésus, saint Joseph, et sainte Lucie.* Cette peinture rappelle le commencement du quinzième siècle: sa composition est noble, et remarquable par la force du coloris, et par le soin porté dans l'exécution de toutes ses parties.
2176	5	3	4	10	*L'Annonciation*; les figures sont plus petites que nature et traitées avec la précision propre au quatorzième siècle.
2177	3	6	1	3	*Saint Augustin*; figure au dessous de nature, peinte avec beaucoup de soin par Carlo Crivelli.
2178	3	3	1	6	*Un Saint Franciscain*, appartenant à la même école.
2179	3	3	1	8	*La Vierge et deux anges*; tableau bien rendu par Pierre Alamanni, élève de Crivelli.
2180	3	2	2	8	*Saint Jean Baptiste et un autre saint*; demi-figures plus petites que nature, peintes avec précision dans le faire du Giotto.
2181	3	6	2	3	*La Vierge sur son trône*; on y voit des anges: cette peinture appartient à l'école du Crivelli.
2182	3	4	1	4	*Saint Antoine*, figure de moyenne proportion, et d'une exécution très soignée.
2183	6	3	6	3	*Six Apôtres*; ces petites figures sont dessinées avec précision, et appartiennent à l'école du quatorzième siècle.
2184	6	3	6	3	*Six autres figures.* Mêmes sujets, et mêmes qualités.
2185	»	10	1	8	*La mort de saint Bernard*: petite figure d'une fine exécution dans la manière de l'école du Giotto.
2186	2	4	1	3	*Saint Jacques*; petite figure, peinte avec beaucoup de soin: elle est d'un beau coloris et rappelle l'ancienne école de Ferrare.
2187	2	3	2	3	*Une sainte Famille*, l'exécution en est vigoureuse, dans le faire et le style du quatorzième siècle.
2188 2189 2190 2191	5	6	2	6	*Peintures contenues dans un ajustement de style gothique*; elles sont partagées en deux compartimens horisontaux. La division inférieure, qui a 3 pieds 6 pouces de hauteur, offre quatre figures de saints; dans la supérieure, qui a 2 pieds de hauteur, on voit également quatre figures de saints. Ces deux divisions ont une largeur commune de 2 pieds 6 pouces. Ces petites figures peintes par l'élève de Foligno, sont d'une exécution très correcte, et d'un puissant coloris.
2192	5	8	2	9	*Saint Paul et saint François*, sont représentés dans un tableau de forme gothique, dont la partie supérieure offre la *Vierge* peinte en petite dimension dans un rond.

NUM. d'ordre	HAUTEUR des tableaux. pieds	pouces	leur LARGEUR pieds	pouces	
2193	5	8	5	8	*La Vierge sur son trône; quatre anges et quatre saints assistent à ses côtés.* C'est l'œuvre de Tibère D'Assise. La composition, bien que symétrique, est d'une grande noblesse, et rendue avec un effet très clair.
2194	5	3	2	3	*Notre Dame, accompagnée de beaucoup de saints.* L'exécution en est gracieuse.
2195	2	6	1	3	*Sainte Catherine.* Figure bien exécutée.
2196	1	6	2	9	*L'Adoration des Mages; le baptême de Jésus Christ, et l'Annon-
2197	1	6	2	9	ciation de la Vierge;* ces trois tableaux sont d'un coloris très
2198	1	6	2	9	brillant, et appartiennent à l'école du Pérugin.
2199	1	8	1	6	*La Vierge et l'enfant Jésus;* tableau plein de grâce et de précision.
2200	2	6	1	4	*Deux Saints Évêques;* petites figures, peintes avec soin, et d'un coloris vigoureux, dans le style du Giotto.
2201	2	4	1	6	*Jésus couronne la Vierge Marie;* le faire de cette peinture est d'une grande douceur, et son expression pleine de piété. Elle appartient à l'école du Giotto.
2202	2	3	1	6	*Jésus crucifié sur le Calvaire:* on voit à ses pieds la Vierge et saint Jean. On y trouve la vigueur du coloris, jointe à une grande expression de sentiment; dans le style du quatorzième siècle.
2203	2	3	2	2	*Saint Jean Baptiste et un saint Évêque.* Le ton en est très lumineux et l'exécution soignée, à la manière de l'école du Giotto.
2204	2	6	1	6	*La Vierge adorant l'enfant Jésus;* petites figures, vivement colorées, dans le style du quatorzième siècle.
2205	2	3	1	8	*Le Christ déposé dans le tombeau;* à cette scène de douleur assistent la Vierge, saint Jean, et d'autres personnages; les figures sont petites, et rendues avec un beau coloris et un fini particulier, dans le goût de l'école florentine.
2206	1	10	1	10	*Le Mariage de sainte Catherine;* divers saints sont présens à cette cérémonie: l'effet en est très vigoureux.
2207	1	3	4	9	*Un Mariage entre des personnages de distinction;* petites figures rendues avec beaucoup de précision.
2208	1	3	4	9	*Sujet inconnu;* peut être a-t-on voulu représenter le triomphe de l'amour: cette composition offre presque les mêmes qualités que la précédente.
2209	1	3	4	9	*Sujet inconnu;* mêmes qualités.
2210	1	3	4	9	*Autre sujet inconnu, représentant un triomphe.*
2211	1	9	1	4	*La Circoncision;* la composition est noble, et la couleur d'une grande limpidité: école florentine.
2212	2	4	2	4	*La Crèche de l'enfant Jésus;* la scène est représentée sur une toile circulaire: les figures en sont petites, mais traitées avec beaucoup de grâce et d'expression de naïveté.
2213	1	4	1	3	*Esther se présentant à Assuérus.* Le faire en est précis, et dans le style de l'école du quatorzième siècle.
2214	5	9	4	9	*Le Martyre de saint Erasme.* Les figures sont plus petites que nature, et l'effet en est d'une vigueur remarquable.

NUM. d'ordre	HAUTEUR des tableaux.		leur LARGEUR		
	pieds	pouces	pieds	pouces	
2215	7	»	4	3	Le Père Éternel, la sainte Vierge et l'enfant Jésus; on y voit aussi divers saints; ce tableau est rendu avec une grande expression de douceur et de piété.
2216	3	6	1	»	Saint Dominique; petite figure peinte avec une grande précision, dans le style de l'école du Crivelli.
2217	3	6	1	»	Saint Jacques; on y trouve la même qualité.
2218	4	»	4	»	La sainte Famille, représentée dans un tableau de forme circulaire; les figures sont moins grandes que nature; elles sont remarquables par leur expression et la vigueur du coloris; l'auteur appartient à l'école florentine.
2219	3	4	1	»	Saint Pierre, figure plus petite que nature, d'une bonne entente et d'un grand fini, dans le style de l'école du Giotto.
2220	2	»	2	»	La Vierge et l'enfant Jésus; la forme de ce tableau est circulaire, l'exécution en est bien arrêtée et très soignée.
2221	3	3	2	3	Tableau divisé en trois compartimens; il représente la déposition de croix; il est d'un coloris distingué, d'un effet vigoureux et bien compris. Les parties latérales de cette composition n'ont que onze pouces de largeur.
2222	2	3	2	3	Sujet allégorique; les figures sont petites.
2223	»	11	2	3	⎫ Chacune de ces deux peintures représente trois saints, en demi-
2224	»	11	2	3	⎭ figures exécutées avec beaucoup de soin et de précision.
2225	2	»	1	10	Le crucifiement de Jésus Christ; composition rendue avec exactitude, dans la manière du Crivelli.
2226	2	10	1	8	Notre Dame sur son trône avec l'enfant Jésus; on y trouve une grande douceur de pinceau. Ce tableau est de l'école du Giotto.
2227	1	8	1	4	La Piété; cette composition, en petites demi-figures, est traitée avec une grande finesse. Les expressions en sont pleines de douceur et de sentiment, dans le style du quatorzième siècle.
2228	2	6	2	6	La Vierge, petite figure en pied, entourée de chérubins. Elle est bien terminée, dans le style de l'école du quinzième siècle.
2229	1	8	1	»	Jésus apparaissant à sainte Catherine; tableau peint dans la manière du quatorzième siècle: l'effet en est lumineux et parfaitement rendu.
2230	1	8	1	»	Divers Saints apparaissant à sainte Catherine; tableau égal en mérite au précédent.
2231	»	6	1	6	La mort d'un Saint Franciscain. Cette composition est très bien traitée, en petites figures.
2232	»	6	1	6	La Communion de saint Jérôme, sujet bien conçu et d'une bonne exécution.
2233	»	6	1	6	La Piété, de même grandeur, et également bien rendue.
2234	4	»	4	10	La Vierge sur son trône; divers saints se trouvent à ses côtés. Ce tableau offre des figures presque grandes comme nature. Elles sont bien colorées et d'un ton puissant. Leur précision est remarquable et dans le faire du quatorzième siècle.

NUM. d'ordre	HAUTEUR des tableaux (pieds)	(pouces)	leur LARGEUR (pieds)	(pouces)	
2235	3	2	1	»	} Deux Saints, parfaitement bien traités dans le gout de l'école de
2236	3	2	1	»	} Carlo Crivelli.
2237	5	3	2	6	Le Baptême de Notre Seigneur; cette peinture est d'un rendu parfait, et d'une grande force de coloris : elle est signée Pietro Gianmarco.
2238	2	10	1	»	Saint Dominique; cette petite figure offre une exécution soignée et bien entendue. Elle appartient à l'école de Carlo Crivelli.
2239	2	10	1	»	Saint Jérôme; même style et même qualité.
2240	2	8	3	4	Sujet inconnu, représenté par deux demi-figures plus petites que nature; le coloris en est robuste, et on y trouve une grande imitation de la nature.
2241	1	8	2	3	Saint Georges tuant le dragon; petites figures très bien peintes, et de l'école du quatorzième siècle.
2242	1	4	5	2	La rencontre de deux époux. On y voit des figures analogues au sujet. La scène y est bien rendue, dans le style du quatorzième siècle.
2243	1	9	4	9	Apollon et Daphné. Petites figures qui rappellent la même époque.
2244	4	9	4	9	La Vierge sur son trône; on y voit aussi divers saints. Les figures sont presque comme nature, d'une grande pureté, et d'un beau coloris, dans le style du même siècle.
2245	2	6	1	5	Le Martyre de saint Laurent. Demi-figure traitée dans le gout du quatorzième siècle.
2246	2	8	1	6	La Résurrection du Sauveur. Petites figures d'un bel effet, et d'un pinceau facile.
2247	2	2	1	6	La Vierge et l'enfant Jésus; demi-figure presque grande comme nature; elle est d'un grand fini, et traitée dans la manière du quatorzième siècle.
2248	1	5	2	5	La mort de la Vierge; petite figure remarquable par son coloris.
2249	1	6	1	2	Le couronnement de la Vierge; divers saints assistent à cette cérémonie; peinture qui appartient au quatorzième siècle.
2250	2	2	1	4	Le Sauveur; demi-figure presque grande comme nature, elle est peinte dans le goût de la même époque.
2251	»	9	1	9	Cinq Saints, petites demi-figures bien colorées et bien peintes.
2252	»	10	1	10	Cinq autres demi-figures, elles ont les mêmes qualités.
2253	2	2	1	5	La Vierge et l'enfant Jésus enveloppé dans ses langes; petites demi-figures, composées avec beaucoup de grâce, et rendues avec un soin infini.
2254	1	»	1	9	Le Festin de Balthasar; petites figures.
2255	1	9	1	9	Notre Dame et l'enfant Jésus; cette composition est de forme circulaire.
2256	2	3	1	4	Une sainte Famille; son effet est suave et d'une grande lumière.
2257	2	»	»	10	Une petite figure représentant un saint. Elle appartient à l'école de Carlo Crivelli.
2258	1	5	1	3	Sainte Véronique avec saint Pierre et saint Paul; peinture remarquable par une grande précision de coloris.

NUM. d'ordre	HAUTEUR des tableaux		leur LARGEUR		
	pieds	pouces	pieds	pouces	
2259	1	11	1	5	*La Vierge des douleurs*; l'effet en est doux et l'expression pleine de sentiment.
2260	»	11	»	4	*Sainte Lucie*; très petite figure, d'une précieuse exécution.
2261	»	11	»	4	*Sainte Marguerite*. Petite figure, du même mérite.
2262	»	8	»	9	*L'Annonciation de la Vierge*; sujet rendu avec beaucoup de grâce.
2263	2	1	1	6	*La Vierge et l'enfant Jésus enveloppé dans ses langes*; demi-figures de grandeur naturelle; l'effet en est brillant et l'expression d'une grâce infinie.
2264	2	»	1	2	*Le Baptême de Jésus Christ*; petites figures d'un bon effet.
2265	2	4	1	3	*La Résurrection du Sauveur*. Peinture de l'école du quatorzième siècle.
2266	»	10	»	10	*Une Tempête*, elle est représentée sur une toile de forme circulaire; son effet est plein de vérité et de savoir.
2267	1	4	»	8	*Jésus déposé dans son tombeau*. Cette composition rappelle le style du quatorzième siècle, par la beauté du coloris et le fini de l'exécution.
2268	1	6	2	»	*L'Annonciation de la Vierge*; tableau plein de grâce et d'une grande force de ton.
2269	1	4	1	»	*Jésus couronné d'épines*. Tête grande comme nature et bien peinte.
2270	1	10	1	5	*La Vierge et l'enfant Jésus*; peinture dans le style du quatorzième siècle.
2271	»	10	1	2	*Le Jugement de Pâris*. Petites figures.
2272	1	»	»	11	*La Vierge avec l'enfant Jésus*; petites demi-figures.
2273	2	9	»	9	*La Vierge des douleurs*; l'effet de cette peinture est très puissant.
2274	»	9	»	11	*Saint Jérôme*, petite figure d'une précieuse exécution.
2275	1	4	»	8	*La Résurrection du Sauveur*, petites figures.
2276	1	5	1	2	*La Vierge*, peinture d'une grande précision et de l'école grecque.
2277	1	5	1	»	*La protection de saint Dominique*; composition rendue en petites figures.
2278	»	10	1	10	*L'enlèvement d'Europe*; très petites figures.
2279	1	4	1	»	*Deux Chérubins*, remarquables par un bel effet et un brillant coloris.
2280	»	10	1	4	*Le Repos pendant la fuite en Égypte*; les petits personnages y sont traités avec une grâce infinie.
2281	5	»	6	10	*La Déposition du Christ dans le tombeau*; admirable tableau du Tintoret: les figures, grandes comme nature, sont savamment exécutées, et le coloris est d'une grande puissance.
2282	5	10	7	8	*Jésus Christ guérissant l'énergumène*; ébauche de l'école des Carraches: les figures sont grandes comme nature.
2283	7	6	3	6	*Portion d'une grande peinture*; on y voit plusieurs figures de Saints, dont le style est majestueux, et l'effet très brillant: l'exécution en est d'un savant fini; ce tableau est de Gaddo Gaddi.
2284	6	»	5	3	*La Vierge sur son trône*; quelques Anges, saint Jean Baptiste et saint François se trouvent à ses côtés. Cette peinture, remar-

— (94) —

NUM. d'ordre	HAUTEUR des tableaux.		leur LARGEUR		
	pieds	pouces	pieds	pouces	
					quable par la noblesse de la composition, offre aussi une exécution précieuse dans le style du quatorzième siècle.
2285	10	2	5	6	*La flagellation du Christ*; *la présentation du Sauveur par Pilate*
2286	10	2	5	6	*et la résurrection de Notre Seigneur*; sont les sujets exprimés
2287	10	2	5	6	dans ces trois tableaux, d'après les compositions d'Albert Durer; ils sont rendus avec intelligence et précision.
2288	10	2	5	6	*Jésus porté au tombeau*; savante composition noblement représentée; l'effet en est bon et le style sévère: elle appartient à l'école de Ferrare.
2289	1	»	5	9	*La sainte Vierge déposée dans le tombeau*; petite composition bien traitée.
2290	4	6	1	4	*Saint Jean l'évangeliste*, figure de grandeur naturelle, d'un faire intelligent et soigné, dans le style du Giotto.
2291	2	3	1	3	*Saint François et saint Antoine*; petites figures bien rendues.
2292	3	»	3	10	*Tableau destiné à être vu des deux cotés*. L'un représente la tentation de saint Antoine Abbé, l'autre la guérison d'un Possédé, miracle opéré par le saint. Ces deux peintures sont d'une grande force de coloris, et d'une savante exécution.
2293	4	10	4	3	*Le couronnement de la Vierge*; les figures, un peu moins grandes que la nature, sont rendues avec une rare suavité d'effet; le style en est bon, et l'exécution très soignée, à la manière de l'école du Giotto.
2294	5	6	3	9	*La Présentation de Jésus au Temple*. Ce tableau provient de la même école; il est en tout point égal en mérite au précédent, seulement on y observe une plus grande vivacité de coloris.
2295	1	8	2	»	*Saint Pierre qui baptise*; peinture dans le style du quinzième siècle.
2296	1	8	2	»	*Le même Saint rendant la vie à un enfant*; tableau de la même époque.
2297	»	10	1	3	*Sujet inconnu*. L'effet en est bon.
2298	4	6	2	4	*La Vierge sur son trône, tenant l'enfant Jésus*. Deux Anges sont à leurs cotés. Cette composition pleine de noblesse, est d'une grande suavité d'effet: elle est de l'école du Crivelli.
2299	4	3	3	6	*Une sainte Famille*; Les personnages sont de petite proportion: L'aspect de cette peinture est satisfaisant et dans le style du quinzième siècle.
2300	6	3	8	3	*La naissance de Jésus Christ*: on y remarque une gloire composée d'une infinité de petits Chérubins. Les figures de ce tableau sont un moins grandes que nature; il est d'un bon aspect de couleur.
2301	4	4	3	6	*L'agriculture figure allégorique*; de moyenne proportion, elle est bien peinte et d'une exécution bien arrêtée.
2302	4	10	3	4	*La déposition de Croix*; les figures sont petites. Cette composition est remarquable par la vigueur de l'effet, et le rendu intelligent de son exécution; on y retrouve le style de Giorgio Vasari.

— (95) —

NUM. d'ordre	HAUTEUR des tableaux		leur LARGEUR		
	pieds	pouces	pieds	pouces	
2303	3	»	1	4	*La Vierge sur son trône*; elle tient l'enfant Jésus. La figure principale est revêtue d'une étoffe d'or brodée en fleurs. C'est un bon ouvrage de Carlo Crivelli.
2304	2	6	2	6	*La naissance du Christ*, est représentée sur cette toile de forme circulaire. L'effet en est d'une grande puissance et dans la manière du quatorzième siècle.
2305	2	8	1	2	*La protection de la Vierge*, petite figure qui étend son manteau sur ceux qui se confient à son intercession. Cette peinture est rendue avec une grande vivacité de couleur, et une grande exactitude.
2306	2	8	2	»	*Le martyre de saint Sébastien*, cette scène est composée de petites figures qui produisent toutefois un ensemble fortement coloré et soigné dans l'exécution, en rappellant l'école du quatorzième siècle.
2307	2	»	1	10	*Saint Jérome*, petite figure bien rendue par Marco Palmezzani.
2308	2	3	1	8	*Jésus portant sa Croix*. Le coloris en est vigoureux et l'exécution très bonne.
2309	2	3	1	8	*Jésus tenant le Calice*. Ce tableau a les mêmes qualités que le précédent.
2310	2	4	2	3	*Sujet inconnu*, traité dans la manière du quatorzième siècle.
2311	2	10	1	9	*La Vierge adorant l'enfant Jésus qui lui est présenté par les Anges*; cette composition se fait remarquer par un singulier aspect de coloris puissant: l'exécution est d'une rare précision, dans le style de l'école du quatorzième siècle.
2312	4	2	3	8	*Tableau représentant douze petites figures de Saints*; elles sont d'un coloris vigoureux et d'un rendu très soigné, dans la manière de l'école du Giotto.
2313	6	»	4	6	*La Vierge et l'enfant Jésus, sur son trône*; à leurs cotés on voit les apôtres saint Pierre et saint Paul. L'effet de ce tableau est très remarquable et rendu avec un soin tout particulier par Giulio Amendola.
2314	1	6	5	»	*L'histoire de Susanne*; très petites figures dont l'exécution est ferme et rappelle le style du quatorzième siècle.
2315	4	6	1	4	*Saint Jean Baptiste*, figure grande comme nature, bien exécutée à la manière de l'école du Giotto.
2316	2	3	1	3	*Saint Jean et saint Pierre*, petites figures qui offrent les qualités de l'époque indiquée ci-dessus.
2317	5	2	4	8	*Notre Dame sur son trône*, on y voit aussi quelques figures de Saints. La composition est pleine de dignité jointe à un bon style; l'exécution est savante et d'une grande précision. On y trouve les qualités de l'école florentine au quatorzième siècle.
2318	5	8	5	3	*Le même sujet* est répété sur cette toile, mais avec une habileté encore supérieure à celle qui distingue le tableau précédent.
2319	5	8	4	8	*Même sujet*, on l'attribue à l'école du Pérugin.
2320	3	»	5	3	*Figure allégorique groupée avec des enfans*, elle représente la fécondité de la Terre.

NUM. d'ordre	HAUTEUR des tableaux.		leur LARGEUR		
	pieds	pouces	pieds	pouces	
2321	1	2	2	»	*L'adoration des Bergers*, petites figures vivement colorées.
2322	1	2	2	»	*L'adoration des Mages*; petite composition du même mérite que la précédente.
2323	2	»	»	4	*Le martyre de la Légion thébaine*; les petites figures de cette scène de carnage sont traitées avec beaucoup de finesse.
2324	1	11	1	3	*La Vierge, et l'enfant Jésus, accompagnés de quelques Saints.* On y trouve une grande force de ton, dans le style du quatorzième siècle.
2325	1	11	1	3	*Le même sujet*, rendu d'une manière encore supérieure au précédent tableau.
2326	2	8	1	8	*Le couronnement de la Vierge*; petite composition appartenante à l'école du quatorzième siècle.
2327	2	4	2	2	*La Conversion de saint Paul*; l'effet en est vif, et l'exécution soignée.
2328	1	8	1	1	*La naissance du Christ*, tableau remarquable par un effet lumineux.
2329	1	10	1	5	*Le même sujet*, mais qui se distingue par une grande puissance de couleur.
2330	2	11	1	»	*Un saint Apôtre*, remarquable par son grand fini, dans le style du Giotto.
2331	2	11	1	»	*Saint Jean Baptiste*; même exécution, et même école.
2332	2	»	1	7	*Une sainte Famille*; le coloris est d'une grande vigueur, et le rendu est d'un beau pinceau: ce tableau appartient à l'école du quatorzième siècle.
2333	2	»	1	4	*La Vierge et l'enfant Jésus, entourés de diverses figures de Saints*; le faire de cette peinture est plein de suavité et de grâce; elle rappelle la manière du Giotto.
2334	»	10	1	9	*Petit Paysage*; l'effet en est bien compris.
2335	»	9	»	11	*Autre*, du même mérite.
2336	»	11	1	2	*Jésus montant au Calvaire*. Petites figures très bien colorées.
2337	1	9	1	2	*Notre Dame*, demi-figure moins grande que nature, remarquable par son beau ton de couleur.
2338	1	11	1	6	*La flagellation du Christ*.
2339	2	»	1	6	*L'adoration des Mages*. Cette peinture, d'une bonne exécution, n'est pas entièrement terminée, elle appartient à l'école du quatorzième siècle.
2340	2	»	1	6	*Notre Dame et l'enfant Jésus*; la Vierge est en demi-figure de grandeur naturelle, elle est rendue avec une grande finesse.
2341	1	»	1	»	*La fuite en Egypte.*
2342	2	2	»	10	*Un Ange agenouillé, en adoration*: on y remarque un beau ton de couleur.
2343	2	2	»	10	*Un Pendant*, égal en tous points au précédent.
2344	9	9	6	»	*Jésus Christ apparaissant à un Saint*; les personnages sont plus grands que nature: l'effet général de ce tableau est d'une grande puissance de couleur.
2345	1	10	1	4	*Jésus mort déposé dans le tombeau*; petites figures fortement co-

NUM. d'ordre	HAUTEUR des tableaux		leur LARGEUR	
	pieds	pouces	pieds	pouces
					lorées et rendues avec beaucoup d'intelligence, dans la manière du Sodoma.
2346	1	4	1	3
2347	2	3	5	3
2348	3	»	7	»
2349	2	8	»	11
2350	2	6	1	10
2351	2	6	1	10
2352	3	10	2	2
2353	10	3	5	3
2354	2	»	1	8
2355	8	9	5	6
2356	1	10	5	6
2357	1	10	5	6
2358	2	9	5	3
2359	2	9	5	6
2360	1	2	3	3
2361	1	3	4	3

lorées et rendues avec beaucoup d'intelligence, dans la manière du Sodoma.

2346 *Le couronnement d'une Reine*; les figures en sont petites, mais fort bien peintes.

2347 *Le massacre des Innocens*; cette composition se fait remarquer par une grande habileté dans l'art de grouper les figures: il y régne une grande varieté, et beaucoup d'expression; le rendu en est achevé dans le gout de l'école florentine.

2348 *La mort de la Vierge*; l'exécution en est bonne, et rappelle l'école du Giotto.

2349 *La créche de Notre Seigneur*; cette petite peinture est d'un précieux fini, et de l'ancienne école flamande.

2350 *Jésus couronné d'épines*; demi-figure d'un effet très lumineux.

2351 *La Vierge, l'enfant Jésus, saint Jean Baptiste, et sainte Catherine de Sienne*. Cette composition appartient à l'école siennoise.

2352 *L'adoration des Mages*; ces petites figures sont d'un beau coloris, et d'un faire savant et précis.

2353 *La créche de Notre Seigneur*; les figures sont grandes comme nature et exécutées par Giorgio Vasari, dans un style large et savant.

2354 *Un Portrait de femme*; il se distingue par une belle couleur et une grande imitation de la nature.

2355 *L'Annonciation de la Vierge*; la scène se détache sur un très riche fonds d'architecture rendue avec beaucoup de précision. Les figures, de grandeur naturelle, y sont traitées avec une force de coloris bien remarquable. Les expressions sont pleines de sentiment. Nous devons surtout signaler la vérité, le soin et la douceur pleine de grâce répandues sur la figure d'une dame de distinction qui, avec sa petite fille, occupe la partie inférieure de ce bel ouvrage. On croit que ce sont les portraits des personnages qui ont commandé ce tableau à Vincent Pagani.

2356
2357 *La fable de Psyché*, représentée en deux tableaux que l'on attribue à l'école florentine.

2358 *L'Adoration des Mages*. Cette peinture attire l'attention par une grande vivacité de coloris, une grande recherche d'exécution, et une profonde intelligence, dans la manière du quatorzième siècle.

2359 *La Créche de Notre Seigneur.*

2360 *Saint Pierre conduit dans la prison, est ensuite miraculeusement délivré*. Tableau bien exécuté dans le style de l'école du Giotto.

2361 *Peinture représentant deux scènes*; dans l'une on voit une bataille, dans l'autre, un personnage de distinction visitant une famille dont tous les individus sont à genoux. Il est probable

13

NUM. d'ordre	HAUTEUR des tableaux		leur LARGEUR		
	pieds	pouces	pieds	pouces	
					que l'auteur qui vivait au quatorzième siècle, et qui a vêtu ses figures selon l'usage de son temps, a voulu représenter la bataille d'Alexandre le Grand contre Darius, et sa visite à la famille de son ennemi vaincu.
2362	1	3	3	10	*Sujet tragique*, rendu en petites figures pleines d'une vive expression; l'auteur de cette peinture appartient à l'école du quatorzième siècle.
2363	9	6	6	9	*Saint Louis, Roi de France, conduit par un ange.* Les personnages, d'une grandeur audessus de la nature, sont peints avec une singulière puissance de coloris.
2364	1	8	4	8	*L'Histoire de Porcie femme de Brutus*; ce tableau est bien rendu et rappelle l'école du quatorzième siècle.
2365	1	10	3	»	*Les Hébreux ramassant la manne dans le désert*, petites figures.
2366	2	4	2	4	*L'enfant Jésus assis sur les genoux de la Vierge, bénit le petit saint Jean Baptiste*; on voit aussi divers saints prenant part à cette scène. Ce sujet est savamment composé, et les expressions sont d'une grâce infinie. Ce tableau est de forme circulaire.
2367	4	8	6	»	*La sainte Famille et sainte Catherine.* Composition remarquable par la vigueur de sa couleur; elle est attribuée à l'école vénitienne.
2368	2	6	3	»	*Deucalion et Pyrra*; petites figures copiées d'après l'original de l'Albano.
2369	10	3	6	»	*L'Annonciation*; les figures sont grandes comme nature: ce tableau se distingue par une grande puissance de ton.
2370	1	10	»	7	*Sainte Véronique*, cette figurine peinte dans un style noble, et d'une belle exécution, appartient à l'école allemande.
2371	1	10	»	7	*La Religion Chrétienne*; on trouve dans ce tableau les mêmes qualités que celles indiquées ci-dessus.
2372	1	9	4	9	*L'adoration des Mages*; cette composition est pleine de naïveté, et son exécution ne laisse rien à désirer; elle est dans la manière du quatorzième siècle.
2373	3	3	2	3	*Une sainte Famille*, l'effet en est bon et l'expression très gracieuse.
2374	2	9	2	3	*Saint Jean Baptiste montrant Jésus Christ à ses disciples*; c'est une petite copie d'après l'Albano.
2375	5	4	4	3	*La Vierge vient visiter sainte Elisabeth*; cette peinture appartient à l'école florentine. Le style de cette composition est d'une grande noblesse; la couleur en est distinguée et l'exécution parfaite.
2376	1	4	5	»	*Enée et Didon*, sujet tiré de l'Enéide.
2377	1	4	5	»	*Episode tiré de la guerre de Troie.*
2378	1	6	1	2	*Saint Pierre pleurant sa faute.* Tête de grandeur naturelle, bien colorée et peinte en maitre.
2379	1	10	1	4	*Le Jugement dernier*; très petites figures d'un rendu très soigné.
2380	3	»	2	3	*Figures d'enfans.*
2381	3	8	3	2	*La Magdeleine.* Demi-figure de proportion de nature, provenant de l'école vénitienne.

NUM. d'ordre	HAUTEUR des tableaux		leur LARGEUR		
	pieds	pouces	pieds	pouces	
2382	»	7	»	4	*Petite demi-figurine représentant une Sainte*; ouvrage d'une merveilleuse finesse, de l'école du quinzième siècle.
2383	1	3	»	10	*Notre Dame, l'enfant Jésus et saint Joseph*; l'effet est bien senti et l'exécution satisfaisante.
2384	1	3	2	»	*Diane et Caliste*. Petites figurines.
2385	»	9	»	7	*L'Ange Gabriel, se présente comme envoyé de Dieu, à la Vierge*; petites figurines peintes dans le goût du quatorzième siècle.
2386	5	8	4	7	*Les Anges Michel, Gabriel et Raphael*, sont représentés sur cette toile, en grandeur naturelle; l'exécution en est bonne.
2387	5	9	4	7	*Saint Jean Baptiste, saint Jean l'évangéliste, et saint Joseph*, sont trois figures dans les quelles on trouve le même mérite que dans les précédentes.
2388	7	»	4	10	*L'Assomption de la Vierge*; les figures sont presque de grandeur naturelle.
2389	1	7	5	»	*Sujet inconnu*.
2390	6	5	4	8	*Notre Dame sur son trône*; quatre saints de grandeur naturelle se voient à ses cotés: cette composition est enrichie d'une foule de dévots dont les proportions sont très petites: l'effet de ce tableau est très vigoureux.
2391	2	2	»	10	*Un Paysage*.
2392	2	2	»	10	*Un Pendant*.
2393	2	7	2	2	*Notre Dame*.
2394	1	2	»	10	*Saint Jérôme et une Sainte*. Petites figures rendues avec beaucoup de précision, dans le style du quatorzième siècle.
2395	»	6	»	5	*La Vierge*.
2396	»	7	»	11	*La Déposition du Christ*.
2397	1	6	1	2	*La Sainte Vierge*.
2398	1	6	1	2	*Demi-figure représentant un Saint*.
2399	1	6	1	2	*Autre demi-figure, sujet inconnu*.
2400	1	2	»	9	*La Sainte Vierge dans une gloire*; on y voit aussi saint Jean Baptiste et saint François: ces petites figures sont d'un bon coloris et d'une fine exécution.
2401	1	9	4	3	*Le Festin des Dieux*. Petites figures.
2402	»	9	»	7	*La Vierge et l'enfant Jésus*; petite peinture bien exécutée dans le style de l'école grecque.
2403	»	8	»	6	*Même sujet*, de même proportion et bien terminé.
2404	1	6	1	1	*Un Portrait*.
2405	1	5	1	2	*La Justice*, demi-figure, grande comme nature.
2406	1	5	1	1	*Téte*, de proportion ordinaire.
2407	»	8	»	6	*Une Téte de Vierge*, plus petite que nature; elle est rendue avec soin dans le style de l'école grecque.
2408	1	8	4	8	*Le Jugement de Salomon*; petites figures.
2409	3	5	4	7	*Saint François révéré par un souverain Pontife*.
2410	1	6	1	2	*Tête de vieillard*.
2411	1	6	1	2	*Un Pendant*.

NUM. d'ordre	HAUTEUR des tableaux pieds	pouces	leur LARGEUR pieds	pouces	
2412	1	5	1	2	L'Annonciation; figurines composées avec beaucoup de fantaisie.
2413	2	2	1	6	Sujet inconnu; le coloris en est bon.
2414	2	9	2	2	La Crèche de Notre Sauveur; les personnages sont de petite proportion.
2415	2	3	1	8	Un Portrait d'homme, de grandeur naturelle; il est d'un effet hardi et d'un coloris puissant.
2416	2	4	1	8	La Naissance de la Vierge.
2417	2	8	2	9	La Vierge et l'enfant Jésus; cette peinture est d'un faire savant et d'un aspect remarquable par la force du ton.
2418	2	6	1	9	Une sainte Famille, composition pleine de grâce et de suavité dans son exécution.
2419	8	9	5	9	Jésus mort est déposé sur les genoux de la Vierge. Les personnages de ce tableau sont plus grands que nature. Cette composition due au pinceau de Scipion Gaetano, se fait remarquer par sa belle entente et une profonde expression de douleur. Le style en est noble et large, le coloris d'un beau ton, et l'exécution parfaite dans toutes les parties.
2420	2	6	2	6	La sainte Famille, de grandeur un peu audessous de la nature. Elle est peinte sur une toile de forme circulaire; le ton en est d'une grande vigueur, et rappelle l'école de Pierre Pérugin.
2421	2	9	2	9	Autre Tableau représentant le même sujet, dans la même forme.
2422	2	6	2	6	Autre Tableau, également circulaire, dont le sujet est une sainte famille; elle se distingue par un grand relief et un fort coloris; dans le style du quinzième siècle.
2423	2	9	2	9	Autre sainte Famille, on y voit des anges; elle est exécutée avec soin, et dans la manière de l'école florentine du quinzième siècle.
2424	1	6	1	3	Tableau divisé en quatre compartimens; il représente les quatre sujets suivans: la naissance de la Vierge, sa présentation au Temple, l'Annonciation et la Naissance du Christ. Les figures de ce tableau sont de petite proportion. La couleur en est belle et l'exécution très soignée.
2425	6	10	4	5	La Magdeleine en méditation.
2426	3	7	5	3	Le repas de Jésus Christ, pendant son voyage vers Emmaüs. Demi-figures grandes comme nature. Elle sont traitées avec beaucoup d'effet et une grande vérité.
2427	7	4	4	8	Saint Jean Baptiste; figure de grandeur naturelle, d'un effet très vigoureux.
2428	1	10	1	1	La Résurrection du Christ. Petite composition bien colorée, et rendue dans le style de l'école du quatorzième siècle.
2429	3	10	2	6	Le Christ bénissant le monde. Cette figure est de proportion ordinaire, la composition en est bien ordonnée, et rehaussée par un bel effet; l'exécution en est savante.
2430	7	»	4	9	Jésus Christ encourageant saint Pierre à marcher sur la mer pour venir à lui; le faire de cette peinture est bien entendu.

NUM. d'ordre	HAUTEUR des tableaux.		leur LARGEUR		
	pieds	pouces	pieds	pouces	
2431	3	1	2	3	Le Crucifiement du Christ, composé en petites figures.
2432	6	1	4	6	Le Mariage de la Vierge. Les figures sont grandes comme nature, l'exécution est digne d'un maitre.
2433	7	2	4	6	L'adoration des Mages.
2434	1	10	1	10	Une sainte Famille, composition de forme circulaire.
2435	2	10	2	9	Une sainte Famille, elle est bien composée, et exécutée dans une manière pleine de suavité, suivant l'école D'André del Sarto.
2436	2	»	1	11	Notre Dame, figure un peu andessous de la nature.
2437	3	8	5	3	Riche Perspective; on y voit le Sauveur guérissant un malade, dans la piscine probatique.
2438	3	8	5	3	Autre, dont le sujet représente la femme adultère.
2439	2	»	1	5	L'adoration des Bergers.
2440	3	1	2	6	Une sainte Famille, de grandeur naturelle; belle composition d'un style noble et d'une exécution achevée.
2441	2	3	2	9	Le couronnement de la Vierge.
2442	2	2	1	9	Le Calvaire, au moment où l'on dresse la croix sur la quelle Jésus Christ est déjà cloué.
2443	1	11	1	6	L'Annonciation.
2444	1	11	1	7	Une sainte Famille.
2445	1	3	1	»	Saint Augustin, écrivant sur la très sainte Trinité; petite composition d'un bel effet et d'un rare fini.
2446	2	2	1	7	La prière de Jésus au Jardin.
2447	1	4	»	11	L'Annonciation. Petites figures rendues avec beaucoup de soin et de suavité.
2448	2	»	1	6	Saint François.
2449	1	4	1	»	Saint Stanislas Kostka, la Vierge lui remet l'enfant Jésus.
2450	1	2	»	11	Jésus apparaissant à saint Thomas; petite esquisse.
2451	1	11	1	6	L'Annonciation.
2452	1	11	1	6	La Crèche de notre Seigneur, figurines bien colorées.
2453	2	»	1	7	Un Saint en prières; petite figure dont l'effet est vigoureux.
2454	2	»	1	5	Jésus couronné d'épines; tête grande comme nature, elle est pleine d'expression.
2455	1	11	1	6	Prodigieuse apparition de saint Pierre, petite composition rendue de main de maitre.
2456	2	3	1	10	L'Annonciation. Petites figures bien composées et d'une grande suavité de pinceau.
2457	2	2	1	5	Jésus mort et déposé sur les genoux de la Vierge; petite composition bien entendue, bien colorée, et remarquable par une singulière harmonie et une grande richesse.
2458	2	3	3	»	Esther se présentant à Assuérus. On y trouve une grande facilité dans le faire.
2459	1	1	»	10	La Vierge et l'enfant Jésus.
2460	2	»	1	6	La Magdeleine méditant sur le Crucifix: les teintes de cette figure sont d'une grande fraicheur et son aspect est très brillant.

NUM. d'ordre	HAUTEUR des tableaux		leur LARGEUR		
	pieds	pouces	pieds	pouces	
2461	»	10	»	10	Portrait. Le ton en est extrêmement vigoureux.
2462	2	»	1	6	Une sainte Famille. La composition en est remarquable par son originalité.
2463	1	4	1	»	Jésus au Jardin; tête pleine d'effet, et d'une grande expression.
2464	4	»	3	»	Sainte Famille, de grandeur naturelle; tableau qui se distingue par son coloris tout à la fois puissant et harmonieux, et par une grande vérité d'exécution.
2465	3	7	5	»	Même sujet traité d'une manière supérieure.
2466	2	6	2	2	L'adoration des Mages; petites figures rendues dans le style du quatorzième siècle.
2467	»	10	»	10	Petit Portrait; il est d'un fort effet de couleur.
2468	2	»	1	5	Une sainte Famille.
2469	5	3	4	»	La Conception. Figure presque grande comme nature.
2470	3	9	5	»	Saint Joseph présente saint François à l'enfant Jésus, assis sur les genoux de la Vierge. Ce tableau est de Palma le jeune; il se distingue par une grande expression jointe à un très beau coloris.
2471	4	2	3	8	L'Amour. Figure grande comme nature.
2472	3	8	6	6	La conversion de saint Paul; l'effet de cette composition est très puissant, le coloris d'une grande vigueur, et l'expression fortement sentie.
2473	4	3	5	6	Le repas de Jésus Christ pendant son voyage à Emmaüs; on y trouve une parfaite imitation de nature.
2474	5	»	5	»	L'Ange apparaissant au Prophéte Zacharie. Cette composition est de forme circulaire et traitée en maitre, par Georges Vasari.
2475	6	6	5	2	La Charité romaine. Figure grande comme nature, de l'école de Bologne.
2476	1	9	1	4	Une déposition de croix. Figurines fortement colorées.
2477	4	6	5	»	Herminie près de Tancrède blessé; bonne copie de l'original du Guerchin.
2478	4	2	3	»	La Vierge et l'enfant Jésus; ce sujet est rendu avec une grande noblesse, et un effet très lumineux.
2479	2	1	1	6	Une sainte Famille.
2480	2	4	1	6	Le baptême de notre Seigneur.
2481	2	4	1	»	L'adoration des Bergers; petite copie d'après l'original de l'Albano.
2482	2	»	1	4	Le martyre de saint Erasme, évêque.
2483	3	9	5	3	Les filles de Loth.
2484	3	1	1	10	La sainte Vierge présente l'enfant Jésus à une Sainte. Belle composition; elle est d'un pinceau large et plein d'harmonie.
2485	2	11	4	7	Le festin de Balthasar, effet de nuit; il est remarquable par une extrême liberté de touche.
2486	1	6	2	6	Jésus chassant les marchands du temple; petites figures.
2487	2	1	1	6	La Vierge des douleurs; demi-figure plus petite que nature, elle est pleine d'une touchante expression.
2488	1	5	1	1	Le départ de Tobie.

NUM. d'ordre	HAUTEUR des tableaux		leur LARGEUR							
	pieds	pouces	pieds	pouces						
2489	1	7	1	3	La Crèche de notre Seigneur.					
2490	2	4	2	»	Jésus, la Vierge et divers saints; belle copie d'après Carlo Dolci					
2491	1	4	1	»	Notre Dame; petite figure.					
2492	1	6	1	11	Figure d'académie, représentant un fleuve; elle est d'un bel effet					
2493	1	6	2	»	Une bataille; les figures en sont petites.					
2494	2	2	3	»	Le dernir repas de Jésus Christ.					
2495	1	5	1	11	Une bataille.					
2496	4	1	5	8	La Naissance d'Adonis; les figures sont de petites proportion.					
2497	1	6	2	»	L'Epreuve de la vérité, représentée par une main introduite dans la bouche d'un grand mascaron; c'est une capricieuse composition.					
2498	2	1	3	»	L'enlévement de Déjanire.					
2499	1	11	1	3	Sujet inconnu.					
2500	4	»	3	»	Une sainte Famille, de grandeur naturelle; elle est habilement composée.					
2501	1	11	1	6	La Naissance de la Vierge, les figures en sont petites.					
2502	1	11	1	6	Renaud et Armide, figurines.					
2503	1	11	3	6	Saint Jacinthe sauvant d'un incendie la statue de la Vierge.					
2504	1	»	1	6	Dalida et Samson.					
2505	1	4	1	»	Petit Paysage avec animaux; l'effet en est ferme.					
2506	»	10	1	2	La Prédication de saint Jean, petites figures.					
2507	1	5	1	11	Figure d'académie; elle est nue et représente un fleuve: l'effet en est puissant, et l'exécution savante.					
2508	2	6	4	5	Paysage, d'un bel aspect de couleur.					
2509	1	5	1	2	L'Institution du Sacrement de l'Eucharistie.					
2510	3	»	4	1	Le massacre des Innocens; petites figures.					
2511	2	3	1	11	Un Sacrifice aux dieux. Petite composition d'un très bel effet.					
2512	2	4	4	6	Un Paysage, grandement conçu; il est exécuté avec habileté et une grande imitation de la nature.					
2513	1	6	1	2	La Pêche miraculeuse opérée par les Apôtres; petites figures rendues avec beaucoup d'esprit.					
2514	1	3	1	»	Le Sauveur.					
2515	1	6	1	1	La mort de saint François.					
2516	2	»	1	4	Portrait du Cardinal Braschi; le coloris en est beau.					
2517	1	5	1	11	Le Baptéme de notre Seigneur.					
2518	2	1	4	»	Une Bacchanale.					
2519	1	»	1	6	L'âne de Balaam; petite composition d'un très fort effet de couleur, dans le style de l'école de Miell.					
2520	1	»	1	6	Agar dans le désert est réconfortée par l'ange; cette peinture a les mêmes qualités que la précédente.					
2521	5	4	3	9	La Décollation de saint Jean Baptiste; les figures de cette composition sont grandes comme nature, et l'exécution rappelle la manière du Chevalier Calabrese.					
2522	3	9	4	»	Le Christ couronné d'épines; ancienne copie, d'un grand effet et d'une bonne exécution; d'après l'original du Caravage.					

NUM. d'ordre	HAUTEUR des tableaux.		leur LARGEUR		
	pieds	pouces	pieds	pouces	
2523	3	2	4	6	Les Frères de Joseph, après l'avoir retiré de la citerne, se disposent à le vendre. Ce tableau est remarquable par un grand effet de coloris.
2524	7	»	4	4	Notre Dame dite de la Neige, offre une belle qualité de tons, dans le style du Baroccio.
2525	4	»	4	9	Le Martyre de saint Barthélemi; on trouve dans cette composition beaucoup de sentiment d'expressions, une grande puissance de couleur, et une parfaite imitation de la nature. On y reconnait tout le faire du Chevalier Calabrese.
2526	4	3	3	3	Les Saints Protecteurs de la ville de Bologne; les figures en sont de moyenne proportion: elles offrent un bon aspect et une grande facilité de pinceau.
2527	4	»	2	8	Saint Sébastien. Figure de grandeur audessous de la nature; l'effet en est largement rendu, et dans le style du Chevalier Calabrese.
2528	5	»	3	4	La Vierge retrouve l'enfant Jésus dans le temple; copie pleine de sentiment et d'intelligence, d'après l'original du Passignano.
2529	3	10	2	9	Saint François d'Assise en extase. Ce sujet est savamment traité dans la manière du Chevalier D'Arpino.
2530	5	3	3	8	Jésus apparaissant à la Magdeleine.
2531	2	11	4	4	La création d'Ève, la faute des premiers parens, et leur expulsion du Paradis. Ces trois sujets sont représentés en petites figures.
2532	2	10	2	1	La miraculeuse délivrance de saint Pierre; ces deux demi-figures de grandeur naturelle, sont fortement colorées, et rendues avec une science extraordinaire.
2533	2	»	1	4	La Décollation de saint Jean Baptiste; petite esquisse d'un bon effet.
2534	5	9	4	2	Saint François en méditation; cette figure, de proportion de nature, est peinte avec vigueur et beaucoup d'intelligence.
2535	2	2	2	4	Paysage, composé dans un style noble et grandiose; il offre un site délicieux peint avec une rare harmonie.
2536	3	»	2	»	La Vierge et saint Joseph offrant le tribut pour le rachat de l'enfant Jésus; la couleur de ce tableau est tout à fait remarquable.
2537	4	8	6	6	Le repas de Jésus Christ pendant son voyage à Emmaüs. Le style en est large, le rendu plein de vérité et de la plus douce expression.
2538	7	»	4	6	Saint François; figure de grandeur naturelle.
2539	3	»	4	1	La Vierge, l'enfant Jésus, saint Jean Baptiste, et un saint Évéque; ces personnages plus petits que nature sont d'un beau coloris.
2540	4	3	1	10	Le Sauveur encore enfant bénit le monde. Demi-figure d'une belle exécution.
2541	2	4	1	10	La Vierge et l'enfant Jésus; la composition est pleine de charme et la couleur produit un bel effet.

NUM. d'ordre	HAUTEUR des tableaux		leur LARGEUR		
	pieds	pouces	pieds	pouces	
2542	2	3	3	»	La *Naissance de Marie*, petite scène remarquable par sa grâce naïve et la vivacité de son coloris.
2543	2	2	1	10	La *Vierge et l'enfant Jésus qui dort*; on y voit aussi quelques anges; l'effet en est suave et l'expression gracieuse.
2544	1	10	2	1	*L'Annonciation.*
2545	2	»	1	6	*Jésus Christ entouré de croix*, est réconforté par l'ange.
2546	2	»	1	6	*Le Sacrifice d'Abraham.*
2547	2	2	1	4	La *Nativité de la Vierge*; ces figures sont peintes avec une grande vivacité, et un grand savoir d'exécution.
2548	2	»	1	6	*Sainte Marie Magdeleine dans une gloire*; les figures en sont de petite proportion.
2549	2	»	1	6	*Le Martyre de saint Sébastien.*
2550	1	11	1	5	*Une Magicienne*, demi-figure dont le coloris est plein de fraîcheur et de vivacité.
2551	1	11	1	6	*Sainte Marie Magdelaine en contemplation*; petite figure.
2552	3	1	4	6	*Une femme et des enfans*; c'est sans doute la charité.
2553	2	11	4	1	*La fuite en Egypte*; l'effet de cette petite composition est remarquable par sa force, et les belles teintes de son coloris.
2554	2	»	1	5	*Saint Philippe assistant les infirmes*, dans un hopital.
2555	2	»	1	6	*Jésus et la Samaritaine*; petites figures peintes avec fermeté.
2556	2	»	1	6	*Tête*, grande comme nature, représentant un Apôtre; elle est d'un grand fini.
2557	2	11	4	2	*L'Adoration des Mages*; l'effet en est puissant et l'exécution savante.
2558	2	»	1	6	*Une bambochade*. Les figures sont petites et se détachent sur un fonds de paysage.
2559	2	8	3	2	*Sainte Marie Magdeleine est portée au ciel par des anges.* Petite composition fort bien rendue.
2560	2	3	2	10	*Paysage*, d'un aspect vigoureux.
2561	2	4	3	»	*Vue d'une Ville.* Charmant tableau, d'une exécution soignée.
2562	2	3	2	11	*Le Couvent de saint François*, situé à l'Alvernia; l'effet en est très lumineux.
2563	6	9	4	»	*Notre dame dans une gloire, deux saints sont à ses cotés*; le style de cette composition est large et plein de noblesse, le coloris remarquable par ses belles teintes.
2564	4	1	3	»	La *Prédication de saint Paul*; l'effet en est grandiose, bien que les figures soient petites.
2565	2	3	3	»	*Une Marine.* Le faire en est large et imposant.
2566	2	11	2	4	*Une sainte Famille*, belle copie d'après un original de l'école florentine.
2567	2	4	3	»	*Vue d'un intérieur de ville*; l'effet en est fort agréable.
2568	1	6	2	»	*Jésus deposé dans le tombeau.* Ce tableau offre de belles teintes dans son ensemble.
2569	2	3	3	»	*Paysage*; la composition est grandiose et le coloris très puissant.
2570	1	5	2	»	*La Communion de saint Jérome*; ce tableau est rendu avec intelligence, les figures sont de petite proportion.

NUM. d'ordre	HAUTEUR des tableaux.		leur LARGEUR		
	pieds	pouces	pieds	pouces	
2571	2	9	1	10	*Moyse trouvé sur le Nil.*
2572	1	11	1	6	*Le Mariage de sainte Catherine.*
2573	2	3	1	11	*Ruines antiques,* elles sont admirablement peintes.
2574	2	8	2	2	*Saint Jean Baptiste rendant témoignage à Jésus Christ*; petites figures d'un ton ferme; elles se détachent sur un beau fonds de paysage.
2575	1	5	1	1	*Petit Paysage,* d'un charmant effet, rendu avec beaucoup de soin, et une grande légereté de pinceau.
2576	1	6	1	1	*Notre Dame,* demi-figure grande comme nature; elle est d'un aspect très piquant.
2577	1	5	1	1	*La Vierge des douleurs;* le ton général en est très doux et très expressif.
2578	1	9	2	6	*Moyse, Aaron et Josué, dans le camp des Hébreux.*
2579	3	8	5	10	*Sainte Marie Magdelaine;* figure plus grande que nature.
2580	4	6	3	6	*Saint Jean Baptiste;* bon tableau, d'un bel effet.
2581	4	6	2	4	*Saint Sébastien;* il est représenté sur un fonds d'architecture: l'exécution en est soignée et pleine de vérité.
2582	4	»	5	6	*Jésus montant au Calvaire;* cette peinture est du plus puissant coloris. On y trouve une grande hardiesse de touche, qui rappelle le style de Michel Ange de Caravage.
2583	4	»	5	6	*Une Bacchanale;* les figures sont de grandeur naturelle.
2584	2	3	3	»	*Un Panier dans le quel se trouvent des choux.* Il est d'une grande imitation.
2585	3	8	5	3	*De Pieuses Matrones, prenant soin du corps d'un Martyr*: le style de cette touchante scène, est noble et large.
2586	4	6	5	11	*Jésus couronné d'épines;* composition pleine d'expression, et d'un fort sentiment de couleur.
2587	2	»	1	6	*Le même sujet,* demi-figure d'un beau coloris.
2588	1	6	2	»	*Fruits,* admirablement bien imités.
2589	4	7	6	1	*Sujet inconnu,* rendu en figures grandes comme nature et d'un effet très prononcé.
2590	1	11	1	5	*Un Faune.*
2591	2	»	1	6	*Fruits,* très bien peints.
2592	2	»	1	6	*Autres fruits,* d'une belle imitation.
2593	1	11	2	3	*Une Table sur la quelle on voit des viandes.* Elles sont rendues avec vérité.
2594	1	11	2	3	*Une Table sur la quelle on voit des instrumens de musique;* ils sont rendus avec une précision remarquable.
2595	2	»	1	6	*Fruits,* très bien imités.
2596	4	1	3	»	*Un Joueur d'instrument,* demi-figure de grandeur naturelle, elle est peinte hardiment, dans la manière de Michel Ange de Caravage.
2597	1	6	1	11	*Des Grenades et autres fruits;* ils sont d'une parfaite imitation.
2598	4	6	6	2	*Job dans son état d'humiliation; sa femme lui reproche son état d'abjection*: les figures sont grandes comme nature, et pleines d'expression de vérité.

NUM. d'ordre	HAUTEUR des tableaux.		leur LARGEUR		
	pieds	pouces	pieds	pouces	
2599	2	3	2	11	*Des Fleurs et des fruits*, très bien rendus.
2600	4	4	6	6	*Une Femme et un Guerrier.*
2601	3	9	2	9	*Saint Philippe Benizzi*; cette figure est peinte par Palmezzani sur un beau fonds de paysage.
2602	2	9	2	»	*Une sainte Famille*, de grandeur audessous de la nature; l'exécution en est soignée et bien comprise, dans la manière D'André del Sarto.
2603	6	»	1	10	*Saint Bernardin de Sienne.* Cette peinture est remarquable par la précision du faire, et le précieux du pinceau: elle a été exécutée par Crivelli.
2604	1	8	2	6	*Un Fait d'armes*, représenté en petites figures, dans une vaste plaine. L'effet en est d'une grande harmonie, dans le style de l'école flamande.
2605	6	6	4	6	*Jésus crucifié*, les figures sont plus petites que nature.
2606	2	9	2	3	*L'Education d'Achille.* Petites figures traitées dans le genre de Salvatore Rosa.
2607	4	3	6	6	*Herminie et Tancrède*; cette peinture se distingue par une grande largeur de style.
2608	2	3	1	8	*Portrait d'une femme qui peint.* Demi-figure plus petite que nature.
2609	3	9	5	»	*Apollon qui chante.* Figure d'un grand effet, et d'un rendu plein de suavité.
2610	4	6	6	»	*La Mort de Didon.* Figure de proportion naturelle.
2611	1	9	1	5	*Portrait d'homme*, il est d'un beau pinceau.
2612	6	8	4	4	*Une sainte Famille*; le ton en est vigoureux et l'exécution parfaite.
2613	3	9	5	4	*Esther s'évanoui en présence d'Assuérus*; les figures sont petites.
2614	4	5	6	»	*Le Repas de notre Seigneur, pendant le voyage vers Emmaüs*; copie d'après le Caravage.
2615	6	»	5	»	*David méditant sur la tête du géant Goliath qu'il a vaincu*; l'effet de ce tableau est très lumineux, et le faire en est large et facile.
2616	2	3	1	10	*Un Faune*, demi-figure.
2617	5	8	4	3	*L'Ange Gardien*, de grandeur naturelle, l'exécution en est fort belle.
2618	2	8	2	»	*La Samaritaine au puits*; l'aspect en est large et très bien rendu.
2619	4	9	7	9	*La Résurrection de Lazare*; figure un peu inférieure à la nature.
2620	1	11	1	4	*Un Portrait.* Demi-figure peinte avec vigueur.
2621	3	»	1	10	*Le Sauveur*, petite figure bien traitée.
2622	1	11	1	6	*Samson tuant un ours*; sujet exécuté avec intelligence.
2623	2	3	2	11	*Armide enlevant Renaud*; petites figures.
2624	2	3	1	10	*Saint Dominique, ou peut être saint Thomas occupé à écrire, les yeux fixés sur un crucifix.*
2625	2	3	1	10	*Saint Pierre pleurant sa faute*, demi-figure grande comme nature; elle est d'une belle couleur et d'une savante exécution.
2626	2	3	1	10	*Sainte Barbe*; elle est peinte dans une belle manière.
2627	2	»	1	3	*Jupiter et Antiope*: figurines bien peintes.

NUM. d'ordre	HAUTEUR des tableaux.		leur LARGEUR		
	pieds	pouces	pieds	pouces	
2628	2	»	1	5	*Intérieur d'une Chambre*; on y voit un buste en marbre et des tapis.
2629	2	2	1	5	*L'Archange Michel*; ce petit tableau se fait remarquer par un style large et plein de noblesse.
2630	2	»	2	3	*La Magdelaine repentante.*
2631	3	»	2	3	*Jésus Christ couronné d'épines.*
2632	3	»	2	3	*Saint Grégoire*, demi-figure parfaitement colorée.
2633	4	2	6	8	*Les Nôces de Cana.* Demi-figures de grandeur naturelle, elles sont peintes avec une grande vigueur, et savamment agencées.
2634	1	4	1	»	*Paysage*, il est d'un puissant effet de couleur.
2635	1	5	1	»	*La Vierge dans une gloire.*
2636	3	8	1	»	*Petite Marine*, d'une admirable vérité.
2637	3	6	2	9	*La Vierge vient visiter sainte Elisabeth*; cette peinture qui appartient à un auteur d'une ancienne école, est très vivement colorée, et terminée avec un grand soin.
2638	1	9	2	6	*Un Paysage.*
2639	2	1	1	6	*La Vierge et l'enfant Jésus.*
2640	2	»	1	5	*La Vierge et l'enfant Jésus qui prend des fruits que lui offre un ange.*
2641	1	7	1	3	*Les Portraits de Raphael, et de Pierre Pérugin*; c'est une belle et savante copie des portraits originaux, qu'on retrouve dans la fresque appellée l'école D'Athènes.
2642	1	11	1	5	*La Magdelaine*, demi-figure.
2643	3	3	4	8	*L'Incrédulité de saint Thomas*; demi-figures de proportion ordinaire. Le coloris en est très vigoureux.
2644	5	3	7	3	*Jésus lavant les pieds aux apôtres*; tableau d'une bonne exécution.
2645	1	5	1	2	*Saint Jérome prosterné et méditant*, c'est une petite figure d'une forte couleur.
2646	1	4	1	»	*Petit Paysage dans lequel on voit le même saint.* Le coloris en est ferme.
2647	1	11	1	6	*Une Table sur laquelle se trouvent un violon, des fruits et des fleurs.* Cette petite peinture est d'un faire très soigné et très vrai de nature.
2648	3	8	5	3	*Une Astrologue occupée à prédire l'avenir*; demi-figure de grandeur ordinaire, rendue avec beaucoup de force de couleur.
2649	7	5	5	»	*Jésus chez Marthe.* Ce tableau offre une savante composition, un effet plein de beautés, et une grande expression dans les personnages.
2650	2	2	1	7	*Paysage avec des animaux.*
2651	2	6	2	1	*La Vierge dans une gloire*; on voit aussi un saint Dominique. Ces petites figures sont d'un beau ton, et d'un effet plein de grâce et d'esprit.
2652	5	5	4	5	*Sainte Marie Magdelaine*; figure grande comme nature.
2653	7	2	4	11	*Le Crucifiement de saint Pierre*, les personnages sont de grandeur ordinaire.
2654	2	3	4	1	*Des fruits.*

NUM. d'ordre	HAUTEUR des tableaux.		leur LARGEUR		
	pieds	pouces	pieds	pouces	
2655	3	5	4	10	*Armide et Renaud*, dans un fonds de paysage.
2656	2	4	1	5	*Saint François*.
2657	1	11	2	3	*Une Marine avec des constructions antiques.*
2658	2	»	1	7	*Un petit Ange.*
2659	1	8	1	3	*La Vierge et l'enfant Jésus.*
2660	1	6	1	9	*Paysage*, dans lequel est représentée une bambochade; la couleur en est forte, et l'exécution de main de maître.
2661	6	8	4	5	*Sainte Agnès*, figure en pied grande comme nature; elle est d'une composition pleine de grâce et d'une belle exécution.
2662	2	»	1	5	*La Vierge et l'enfant Jésus.*
2663	2	1	1	8	*La Magdeleine*, demi-figure.
2664	1	2	1	5	*Une Marine*; le style en est large et l'effet très lumineux.
2665	1	2	1	5	*Des Tulipes*; elles sont bien colorées et facilement peintes.
2666	1	5	2	2	*Paysage.*
2667	3	8	5	5	*Saints divers.*
2668	1	1	»	11	*Notre Dame des douleurs.*
2669	1	6	1	11	*Deux Têtes de vieillards.* Elles sont d'une bonne couleur et d'une parfaite vérité.
2670	»	11	»	8	*Tête de Saint*, un peu moins grande que nature.
2671	1	5	1	11	*Tête de Vieux qui lit.* La couleur en est belle et l'exécution supérieure.
2672	1	6	1	11	*Une Femme avec une multitude d'enfans.*
2673	1	»	»	9	*Une Tête de Saint*, elle est plus petite que nature.
2674	»	11	»	9	*Saint Bernardin de Sienne*; tête de petite grandeur, rendue avec beaucoup de précision.
2675	7	6	1	8	*Jeux d'Enfans.*
2676	1	5	1	1	*Une marine*, d'un effet simple et riant.
2677	2	2	1	11	*Demi-figure de femme*; on a peut être voulu représenter sainte Véronique.
2678	2	4	1	11	*La Vierge et l'enfant Jésus*; composition fort gracieuse.
2679	5	3	7	6	*Paysage*, remarquable par la noblesse de la composition et une savante exécution; dans le style de Nicolas Poussin.
2680	5	3	7	6	*Un Pendant*, égal au précédent sous tous les rapports.
2681	2	3	3	»	*Monumens antiques*, rendus dans un style large et ferme, et de la même école.
2682	1	11	2	1	*Demi-figure de Vieillard.*
2683	2	11	4	»	*Paysage*; la manière en est large, et l'exécution comprise en maitre.
2684	2	11	4	»	*Autre Paysage*; il réunit à la grandeur de la conception, et au sentiment de vérité qui le distingue, un effet riche et vigoureux.
2685	2	4	1	10	*Tête de vieux*, elle est plus grande que nature.
2686	1	1	1	4	*Petit Paysage*, d'une grande force de ton.
2687	2	11	2	2	*La Magdelaine*, demi-figure grande comme nature, elle est savamment composée et exécutée.
2688	3	5	6	»	*Jésus crucifié.*
2689	1	5	2	»	*Une Marine*, très bien rendue.

NUM. d'ordre	HAUTEUR des tableaux		leur LARGEUR		
	pieds	pouces	pieds	pouces	
2690	2	3	1	10	*Une Sibylle*, demi-figure.
2691	3	»	5	3	*Paysage*. L'effet en est très harmonieux.
2692	2	7	5	2	*Une fête champêtre*; les petites figures sont peintes avec facilité.
2693	1	»	1	»	*Petit Paysage dans une forme circulaire*; on y trouve réunis beaucoup d'harmonie et une grande vérité de nature.
2694	1	1	1	11	*Petit Paysage*, l'effet en est très clair.
2695	1	»	1	3	*Paysage*: on y voit une femme armée, c'est peut être Herminie.
2696	1	5	1	11	*Autre Paysage*, d'un bon effet.
2697	3	1	4	2	*Une Marine*, admirablement bien rendue.
2698	»	11	1	2	*Vue d'un intérieur de Ville*; elle est d'une rare précision.
2699	1	»	1	2	*Un Pendant*, du même mérite.
2700	»	8	1	»	*Petite vue*.
2701	»	10	1	2	*Deux petites Anges adorant la croix*; ces petites figures sont peintes avec vivacité, et une grande harmonie de tons très lumineux.
2702	2	11	4	1	*Paysage*.
2703	1	1	1	2	*Une Marine*, d'un effet brillant et suave.
2704	1	3	1	»	*La Vierge et l'enfant Jésus*.
2705	»	8	1	6	*Petit Paysage*, traité avec une grande précision, et beaucoup d'esprit.
2706	1	»	1	3	*Autre Paysage*.
2707	1	8	2	1	*Paysage*, composé et exécuté de main de maitre.
2708	1	5	2	1	*Un Philosophe*, petite figure dont l'effet est très harmonieux.
2709	1	7	2	»	*Un Paysage*, d'un aspect plein de charme et d'accord.
2710	»	9	»	9	*La Magdeleine occupée à lire*, petite figure pleine d'une douce expression.
2711	1	»	1	»	*Petit Paysage*, remarquable par une grande vérité de nature.
2712	1	7	2	»	*Paysage*, représentant un beau site bien rendu.
2713	»	9	»	11	*Autre Paysage*, traité avec soin, et d'une grande douceur de ton.
2714	»	8	»	11	*Une Bataille*, les figures en sont très petites.
2715	»	9	1	»	*Petit Paysage*, richement composé et d'une exécution très soignée.
2716	»	11	»	8	*Saint Roch*.
2717	1	4	1	1	*Des Oiseaux et des Fleurs*.
2718	1	1	»	11	*Fleurs*, admirablement peintes.
2719	3	8	5	2	*Une Tempête*.
2720	1	4	1	1	*Un Perroquet et des Fleurs*.
2721	4	1	3	»	*La Résurrection de notre Seigneur*, petites figures habilement colorées.
2722	4	10	5	3	*Paysage*, la composition est pleine de grandeur, et l'effet en est d'une rare vigueur.
2723	3	»	4	1	*Vue sur des Jardins*; on y trouve une belle imitation de la nature.
2724	3	4	6	1	*Jésus monte au Calvaire*.
2725	1	9	2	»	*Petit Paysage, dans le quel on voit saint Jérome*; cette peinture est une belle production du Guerchin.
2726	4	2	3	»	*Le Repas du Christ pendant son voyage à Emmaüs*. Ce tableau

NUM. d'ordre	HAUTEUR des tableaux (pieds)	(pouces)	lenc LARGEUR (pieds)	(pouces)	
					est d'un effet de nuit, remarquable par son harmonie. Il appartient à l'école française.
2727	6	6	10	9	L'Enlèvement de Proserpine; les figures sont de grandeur naturelle.
2728	5	»	7	3	Une Bataille, savamment rendue.
2729	1	6	2	3	Un Homme et une Femme avec des chevaux et des chiens; c'est un repos de chasse.
2730	1	6	2	3	Un Concert en musique, les figures sont petites.
2731	2	2	12	3	La Cavalcade du Grand Seigneur autour de Constantinople. Les personnages sont très petits, et traités avec beaucoup d'esprit et d'exactitude.
2732	4	4	4	9	Une Bacchanale; les figures sont grandes comme nature.
2733	7	»	5	»	Des Poulets et des Poissons, rendus avec la plus parfaite vérité, par Benoist Castiglioni.
2734	6	6	9	»	La Mort de Didon; les figures sont de proportion naturelle.
2735	5	2	6	2	Ulysse rencontrant la fille d'Alcinoüs; les personnages sont de grandeur naturelle.
2736	2	3	1	2	Une Bambochade, les figures en sont petites.
2737	1	6	1	11	Le Jugement de Pâris, figurines.
2738	3	8	5	3	Paysage, d'une grande richesse d'imagination et d'un brillant effet.
2739	5	3	3	9	La Vierge reçoit des fruits, qui lui sont présentés par le petit saint Jean; la figure principale est plus grande que nature, et l'effet en est conçu d'une manière large et pleine de noblesse.
2740	3	5	2	11	La Vierge incline respectueusement son front sur la tête du Christ mort. Cette peinture, composée en demi-figures, est remarquable par un style large et une belle exécution.
2741	3	4	5	»	Paysage, savamment composé et rendu avec une grande énergie.
2742	3	6	5	4	Autre Paysage, d'un effet large et d'une exécution remarquable, dans le style de l'école du Booth.
2743	3	4	4	11	Un Autre, fortement coloré.
2744	1	10	2	11	Sujet allégorique, petites figures.
2745	1	5	2	2	Saint Bernard chassant le dragon infernal; cette petite peinture est d'une bonne exécution, la couleur en est belle et harmonieuse.
2746	»	7	»	8	Petite bambochade.
2747	1	10	2	3	Paysage, qui se distingue par une grande richesse d'imagination.
2748	1	2	»	11	Autre petit Paysage avec des animaux; l'effet en est saillant.
2749	»	6	»	9	Petite Bambochade, bien colorée.
2750	2	»	1	6	Portrait d'un jeune Guerrier. Demi-figure de grandeur naturelle: le ton de la couleur en est d'une grande suavité, et l'exécution d'une parfaite vérité.
2751	»	7	»	8	Petite bambochade.
2752	1	1	»	11	La Conversion de saint Paul; petite composition d'un effet très lumineux.
2753	3	5	3	»	La Tête de Cyrus plongée dans le sang, par ordre de la Reine des Amazones.

NUM. d'ordre	HAUTEUR des tableaux.		leur LARGEUR		
	pieds	pouces	pieds	pouces	
2754	2	4	4	6	Paysage, richement composé, et d'un aspect délicieux.
2755	2	3	3	»	Bambochade sur un beau fonds de paysage. Petite peinture bien rendue.
2756	»	6	»	8	Petit Paysage, d'un effet très brillant.
2757	2	»	1	6	Vue de Ruines antiques; elle est peinte avec beaucoup de savoir.
2758	1	2	1	6	Hommes et Chevaux sur un fonds de paysage; le coloris en est vigoureux.
2759	1	2	1	»	Une Bambochade.
2760	1	9	2	5	Jésus montant au Calvaire, figurines.
2761	1	6	2	3	Paysage: il est bien rendu.
2762	2	2	3	2	Autre Paysage, peint avec esprit et d'un aspect agréable.
2763	2	»	1	6	Des Oiseaux; ils sont d'une belle imitation de nature et hardiment exécutés.
2764	1	5	1	1	Petite figure d'Homme en repos.
2765	4	1	2	11	Demi-figure allégorique; on a peut-être voulu représenter la Folie.
2766	2	3	3	»	La Chasse au cerf, joli fonds de Paysage.
2767	2	3	3	»	L'Intérieur d'une Cuisine. On y voit des fruits, des poissons et des objets de ménage.
2768	1	2	1	6	Hommes et Chevaux, ils sont fortement colorés.
2769	4	2	2	11	Portrait d'un Guerrier, demi-figure grande comme nature; bien peinte et d'une grande vérité.
2770	1	11	1	5	Ruines antiques.
2771	1	4	1	6	Jésus maltraité par les bourreaux; effet de nuit, les petites figures présentent un coloris vigoureux.
2772	2	2	2	11	Vue de la Mer agitée par une tempête; elle est peinte avec une effrayante imitation de la nature.
2773	1	3	1	6	Jésus couronné d'épines. La scène a lieu dans un souterrain obscur; l'effet en est d'une grande énergie de couleur.
2774	1	1	1	4	Petit Paysage, bien coloré et d'une grande harmonie dans les teintes.
2775	3	2	4	9	Sujet inconnu. Il représente un camp de soldats; les figures en sont très petites.
2776	3	»	4	»	Un Vieillard, demi-figure rendue avec une grande force de ton, et une grande vérité de nature.
2777	3	2	3	»	Bacchus, et une Bacchante.
2778	3	»	4	»	Martyres de divers saints.
2779	1	11	2	3	La Crèche de notre Seigneur, au milieu d'une couronne de fleurs.
2780	3	5	3	1	Des Poissons; ils sont parfaitement imités.
2781	1	10	1	10	Animaux tués à la chasse; on y voit aussi un chien; il y a beaucoup de vérité et une grande force dans le coloris.
2782	4	1	3	»	Un Faune tenant une coupe, demi-figure grande comme nature.
2783	3	4	4	»	Sujet inconnu; demi-figures de proportion ordinaire.
2784	3	10	5	3	De Pieuses Matrones soignant les blessures de saint Sébastien; belle peinture de l'école du Gerardo delle Notti; les demi-figures sont de proportion naturelle.

NUM. d'ordre	HAUTEUR des tableaux.		leur LARGEUR		
	pieds	pouces	pieds	pouces	
2785	6	2	5	6	*L'Enlèvement d'Hélène*; grandes figures de l'école de Rubens.
2786	2	10	4	2	*Le Jugement de Salomon*; l'effet est remarquable par sa vigueur et le savoir de son rendu.
2787	5	3	6	3	*Une sainte Famille et saint François*. On y trouve une grande vivacité de coloris; cette peinture appartient à l'école de Rubens.
2788	1	2	2	»	*Sujet militaire*, peint de main de maitre.
2789	1	2	2	»	*Une Boutique de maréchal de village*; petites figures.
2790	1	4	1	8	*Un Repos de Paysans dans un lieu champêtre*; l'exécution en est soignée.
2791	1	9	2	10	*Un Paysage*, parfaitement composé, et rendu dans une manière aussi vraie que savante.
2792	1	8	2	»	*Une Bambochade*, en petites figures sur un fond de paysage; elle est de Michelange Cerquozzi.
2793	1	8	2	»	*Un Repos de Villageois*; l'effet en est doux et plein d'harmonie.
2794	1	8	2	»	*Un Paysage avec des animaux*; l'aspect en est ferme et plein de nature.
2795	2	»	1	6	*Un Portrait*; on y trouve une belle couleur, un savant fini joint à une grande vérité.
2796	2	»	1	6	*Un autre Portrait d'une femme de distinction*; il est peint avec beaucoup de précision.
2797	2	3	3	»	*La Tentation de saint Antoine Abbé*; les figures en sont petites.
2798	4	»	3	»	*Un Portrait d'homme*; le coloris en est vigoureux.
2799	3	»	4	2	*Un Paysage avec des animaux*; tableau d'une grande largeur de style.
2800	6	9	5	6	*La Mort d'un saint*; la composition en est savante, et l'exécution remarquable par son bel aspect, et la distribution des tons.
2801	6	9	5	3	*Le Retour de la chasse*; les petites figures de ce tableau sont rendues avec beaucoup d'esprit, dans le style des flamands.
2802	3	9	5	»	*Un Satyre dans la chaumière d'un Villageois*; ce sujet est rendu de main de maitre, avec un fort coloris et une grande vérité. Il appartient à l'école espagnole.
2803	4	6	6	2	*Paysage*, largement composé dans la manière de Booth.
2804	7	»	4	8	*La Vierge sur son trône*; elle est entourée de divers saints; tableau bien composé et d'une belle couleur.
2805	2	4	1	10	*Portrait*, bien peint et d'une grande vérité.
2806	1	»	1	6	*Une Bataille*; les figures sont petites et pleines d'expression.
2807	1	1	1	8	*Paysage*, bien composé. On y trouve une grande harmonie dans son effet et un grand soin d'exécution.
2808	3	9	5	4	*Autre Paysage*.
2809	1	10	1	4	*Un Portrait*; la couleur en est belle et d'une grande vérité.
2810	1	5	1	1	*Un Autre*, du même mérite.
2811	3	9	5	3	*Sujet inconnu*; demi-figures d'une belle couleur.
2812	2	5	3	8	*Une Bataille*.
2813	5	3	6	9	*Agar renvoyée par Abraham*; l'effet en est bon et spirituellement rendu.

15

NUM. d'ordre	HAUTEUR des tableaux		leur LARGEUR		
	pieds	pouces	pieds	pouces	
2814	2	10	4	»	Paysage. Le style est noble et simple, et l'exécution digne d'un maitre.
2815	5	3	6	9	Le Sacrifice d'Abraham; l'effet est clair, et d'une grande vivacité.
2816	1	2	»	11	Sujet inconnu, demi-figure.
2817	1	6	1	2	Un Villageois, petite figure d'une grande expression de vérité.
2818	2	3	1	10	Sujet inconnu, demi-figure de femme.
2819	1	6	1	10	Des Oiseaux et des Champignons; très bien rendus.
2820	»	11	1	5	Paysage.
2821	2	9	3	11	Paysage avec des Chevaux.
2822	2	5	1	11	Portrait d'un Personnage de distinction; il est remarquable par une touche spirituelle, pleine d'harmonie et d'un beau faire.
2823	1	11	2	3	Une Bambochade dans un Paysage. On y trouve beaucoup de facilité et de vérité.
2824	1	11	2	3	Un Paysage.
2825	1	4	1	11	Une Bataille. Petites figures peintes d'une manière supérieure.
2826	1	4	1	1	Deux Pélerins. Ces deux petites figures sont bien traitées et pleines de vérité.
2827	1	4	1	1	Un Portrait de femme, remarquable par sa grande imitation de la nature.
2828	1	6	1	2	Un Villageois qui se chauffe; figurine pleine de naïveté.
2829	2	3	3	»	Une Marine, bien composée et largement exécutée.
2830	1	10	1	3	Portrait d'une femme de distinction; demi-figure dont l'effet est très lumineux.
2831	2	3	3	»	Paysage, d'un aspect fort harmonieux; on y voit des cavaliers et des chevaux.
2832	»	9	1	1	Un Repas. Petite composition.
2833	1	11	1	5	Un Berger.
2834	1	11	1	5	Une Femme qui boit; effet de nuit, très bien compris et bien rendu.
2835	1	11	1	»	Un Portrait; le style en est grand, et le faire d'une grande perfection.
2836	1	11	1	5	Autre Portrait, d'une belle facture, et d'une grande vérité.
2837	2	»	1	6	Portrait; l'exécution en est soignée.
2838	2	»	1	6	Repos de Chasseurs; figurines rendues dans la perfection.
2839	2	»	1	6	Un Berger, demi-figure.
2840	2	»	4	1	Bataille; elle est d'un ton très vigoureux: le paysage en est bien composé et savamment peint.
2841	2	11	4	»	La Vierge et l'enfant Jésus.
2842	1	5	1	11	Une Bataille; les figures en sont fort petites.
2843	2	8	2	8	Un Paysage.
2844	2	2	3	»	Le dernier Repas du Christ; très petites figures.
2845	2	8	3	»	La Prédication de saint Jean Baptiste; petite composition appartenante à l'école napolitaine.
2846	4	1	2	11	Sainte Marie Magdeleine pénitente.
2847	2	2	2	11	Laban vient visiter la famille de Jacob; petites figures qui se détachent sur un fond de paysage richement composé.

NUM. d'ordre	HAUTEUR des tableaux.		leur LARGEUR		
	pieds	pouces	pieds	pouces	
2848	2	7	2	3	Paysage éclairé par la lune; l'effet en est très puissant.
2849	2	11	4	»	Jésus confond la malice des Pharisiens qui l'interrogent sur le payement du tribut.
2850	2	11	4	»	Saint Pierre renie son maître; ce tableau se distingue par une riche harmonie de couleur, et un bel effet; on y trouve aussi beaucoup de vérité dans les expressions. Il appartient à l'école de Gherardo delle Notti.
2851	3	10	3	»	Portrait de Mattias D'Espinoy. Figure de grandeur naturelle, rendue avec autant de précision que de vérité.
2852	3	»	2	2	Portrait d'un Architecte; il est bien peint, et d'un bon aspect.
2853	2	3	4	1	} Des Chiens; ils sont rendus avec la plus parfaite vérité.
2854	2	3	4	1	
2855	2	»	1	6	Demi-figure, représentant la science des mathématiques.
2856	4	2	3	»	Portrait d'une Dame avec son fils. Demi-figures de grandeur naturelle.
2857	4	1	3	»	Un Portrait d'homme, tenant par les cheveux une tête de vieille entourée de serpents, peinture d'une grande hardiesse de pinceau et d'un coloris très vigoureux.
2858	3	2	2	4	
2859	3	6	3	»	
2860	4	»	2	11	} Ces huit Portraits, offrent la réunion de qualités remarquables, soit par leur belle couleur et leur belle imitation de la nature, soit par leur exécution qui ne laisse rien à désirer.
2861	3	4	2	6	
2862	3	5	2	6	
2863	3	»	2	3	
2864	4	4	3	»	
2865	3	5	2	10	
2866	3	»	2	2	Lucrèce, demi-figure grande comme nature; c'est un belle copie d'après le Guido Reni.
2867	3	6	2	9	
2868	3	1	2	5	
2969	3	2	2	5	} Ces huit Portraits sont remarquables par leur coloris et la grande vérité de leur exécution: qualités qui se trouvent plus ou moins réunies dans chacun d'eux.
2870	4	2	3	»	
2871	3	9	3	»	
2872	1	11	1	5	
2873	3	5	2	5	
2874	1	11	1	4	
2875	2	8	2	2	Un Vieillard; demi-figure grande comme nature.
2876	3	»	2	3	Autre, de moindre dimension.
2877	3	1	2	3	Judith. Demi-figure de proportion ordinaire.
2878	3	»	2	2	} Portraits, qui offrent les mêmes qualités des portraits indiqués plus haut.
2879	3	2	3	»	
2880	3	»	2	2	
2881	3	»	2	2	Sainte Cécile.
2882	3	»	2	»	Une Tête, plus grande que nature.
2883	1	10	2	3	Des Chiens.

NUM. d'ordre	HAUTEUR des tableaux.		leur LARGEUR		
	pieds	pouces	pieds	pouces	
2884	2	3	2	9	Saint Antoine Abbé.
2885	3	6	3	»	Portrait du Cardinal Madruccio; l'effet en est lumineux et rendu avec une grande précision. Cette peinture est pleine de vie.
2886	3	8	3	9	Portrait d'un Cardinal en habit de chapelle; cette peinture est très remarquable par la science du faire, son excellent coloris, sa grande vérité, et le fini de son exécution.
2887	4	1	3	»	Portrait d'un Guerrier. Il est d'un fort bel aspect.
2888	2	9	2	»	Portrait d'un Cardinal.
2889	2	3	1	9	Portrait d'un Pape.
2890	1	10	1	5	Autre Portrait d'un Pape.
2891	2	»	1	6	Portrait d'un Souverain Pontife, il est d'une grande imitation de nature, et d'une bonne exécution.
2892	2	2	1	11	Portrait d'un Cardinal, peint de main de maître.
2893	2	3	1	10	Autre Portrait. Il se distingue par sa grande vérité d'expression, sa belle couleur, et la perfection de son rendu.
2894	3	4	2	10	Sainte Cécile. Demi-figure bien composée, et d'une brillante lumière.
2895	3	11	3	»	Un Portrait d'homme.
2896	5	2	3	3	Portrait d'un jeune Cardinal. Il est bien peint.
2897	3	»	2	3	Copie d'une Sibylle du Dominiquin, dont l'original se trouve dans la Galerie Borghèse; elle est un peu plus petite que l'original.
2898	4	9	3	9	Un Cardinal, demi-figure grande comme nature.
2899	3	»	2	2	Sainte Cécile; elle a toutes les qualités du style grandiose dans lequel elle est traitée.
2900	3	8	2	10	Portrait inconnu.
2901	4	»	2	11	
2902	3	9	3	2	} Quatre Portraits de Cardinaux.
2903	4	»	2	9	
2904	3	11	2	11	
2905	2	5	2	»	Portrait d'un Souverain Pontife; la couleur en est vraie, et l'expression pleine de vie.
2906	3	11	2	8	Portrait du Pape Paul cinq; le coloris en est très puissant.
2907	3	»	2	3	Portrait d'un Cardinal.
2908	3	10	3	»	Jésus priant dans le jardin des oliviers; l'aspect en est plein de force, et la savante exécution rappelle l'école du Tintoretto.
2909	3	»	4	»	Jupiter, la vâche Jo et Junon.
2910	3	»	4	»	Mercure qui endort Argus.
2911	5	6	3	2	Jésus crucifié; plusieurs saints sont à ses pieds. Le coloris de cette composition est d'une grande force.
2912	5	3	3	3	Saint Antoine de Padoue; le style en est bon, et la couleur produit un bel effet. Ce tableau appartient à l'école de Guido Cagnacci.
2913	4	9	5	9	L'Enfant Prodigue; composition d'un grand naturel.
2914	2	3	2	10	La Vierge et l'enfant Jésus qui remet une branche de lys à saint Antoine; cette composition est bien entendue et pleine de grâce.
2915	5	8	5	4	Susanne; figure grande comme nature.

NUM. d'ordre	HAUTEUR des tableaux		leur LARGEUR		
	pieds	pouces	pieds	pouces	
2916	2	11	4	1	*Paysage*; d'une savante composition et d'un effet grandiose.
2917	3	2	3	11	*Autre Paysage*; on y voit une femme qui garde des animaux.
2918	4	»	2	11	*Saint Jérome*; figure d'une exécution tout à fait savante.
2919	5	4	3	7	*L'Enfant Jésus caressant la Vierge sa mère*; figures plus grandes que nature.
2920	2	11	2	2	*Un Saint*; demi-figure dans le style du Guerchin.
2921	4	2	3	1	*Saint Jérome*; peinture d'un effet très hardi.
2922	6	2	4	5	*Le Meurtre d'Abel*.
2923	1	10	1	5	*Portrait d'un Sculpteur*; remarquable par la clarté de son effet et sa grande vérité.
2924	3	»	2	3	*La Prédication de saint Jean*.
2925	2	»	1	5	*Une Téte de Vieillard*, plus grande que nature; le style en est large et le faire est d'une grande liberté de pinceau.
2926	5	10	4	6	*Portrait du Pape Pie six*; le coloris de ce bel ouvrage est plein d'harmonie, et son exécution réunit la science à une grande imitation de la nature.
2927	1	11	1	5	*Saints divers*; de petite dimension.
2928	4	2	3	1	*Le Baptême de Jésus Christ*.
2929	5	1	3	8	*Deux Guerriers et une femme dans une petite barque*.
2930	4	»	2	»	*L'Aurore chassant la nuit et précédant le soleil*.
2931	4	1	3	»	*La Vision de Jacob*; figures plus petites que nature.
2932	3	»	4	1	*Paysage*, richement composé.
2933	3	11	4	2	*La Vocation de saint Pierre*.
2934	2	2	1	7	*Une Téte de vieux qui lit*; l'effet en est hardi, et la nature bien rendue.
2935	4	»	3	»	*Portrait de saint Charles Borromée*. L'exécution en est savante et précise.
2936	2	3	3	»	*Sujet inconnu*.
2937	4	1	2	11	*Saint Jérome*; demi-figure plus grande que nature.
2938	4	1	2	11	*Sujet inconnu*, demi-figures de grande proportion.
2939	1	1	1	5	*Petit Paysage*, vivement coloré.
2940	5	4	3	9	*Jésus portant sa croix, va au devant de saint Pierre*; figures au-dessous de la nature.
2941	6	11	4	5	*La Crèche de notre Seigneur*.
2942	1	7	1	5	*Jésus Christ apparaissant à un Saint*.
2943	1	4	1	8	*Sujet inconnu*.
2944	4	8	3	6	*La Crèche de l'enfant Jésus*; cette composition est bien rendue.
2945	»	7	1	6	*Petit Paysage*.
2946	1	6	1	11	*Le Baptême de Jésus Christ*; petit tableau très fortement coloré et de main de maitre.
2947	4	1	3	»	*Des Saints adorant le sacrement de l'eucharistie*; petite esquisse pleine d'esprit et de sentiment religieux.
2948	4	1	3	2	*L'Assomption*.
2949	4	7	3	9	*Mortification d'un Saint infirme*; figures de moyenne grandeur.
2950	4	»	2	11	*Le Triomphe du Sacrement de l'Eucharistie*, esquisse.

NUM. d'ordre	HAUTEUR des tableaux.		leur LARGEUR		Description
	pieds	pouces	pieds	pouces	
2951	4	3	3	»	Une sainte Famille; belle et savante copie d'après l'original de Jules Romain, qui se trouve dans l'Eglise de Santa Maria dell'Anima.
2952	3	»	4	3	La Magdeleine; elle est bien rendue et pleine d'expression.
2953	4	3	3	»	Saint Félix recevant l'enfant Jésus des mains de la Vierge; l'effet de cette composition est largement conçu.
2954	3	10	3	6	Les Anges dans le désert préparent la table pour Jésus Christ. Cette scène est d'une belle imagination, elle est rendue avec autant d'intelligence que d'expression dans les personnages, et d'harmonie dans la couleur.
2955	3	»	1	9	Une sainte Famille dans une gloire, entourée de Chérubins; cette composition est savamment exprimée.
2956	4	10	3	9	Sainte Marie Magdeleine repentante, figure grande comme nature représentée par un effet de nuit.
2957	3	»	2	3	Saint Grégoire et saint Jérome; ces figures sont excellemment colorées, et d'une exécution supérieure par sa grande vérité.
2958	1	»	2	»	La Naissance d'Adonis; esquisse appartenante à l'école vénitienne.
2959	3	10	3	4	L'Apparition de Jésus Christ à la Magdeleine; cette peinture est de l'école de Pierre de Cortone.
2960	2	»	1	8	Sainte Catherine; demi-figure de grandeur andessous de nature, peinte avec beaucoup du sentiment.
2961	2	3	1	10	Un Vieillard; demi-figure d'un style large et ferme.
2962	2	9	3	7	L'Assomption de la Vierge; on y voit aussi divers Saints. C'est une esquisse pleine d'esprit et d'une riche invention.
2963	2	5	3	4	La Délivrance prodigieuse de saint Pierre; elle est bien colorée et d'une grande vérité.
2964	2	2	1	10	Jésus qui bénit le Monde; demi-figure dans laquelle on trouve réunis une belle expression et un rendu très soigné.
2965	5	3	3	9	Dédale qui attache les ailes à Icare; figures de grandeur naturelle; elles sont d'une vérité remarquable.
2966	4	2	3	»	Jésus portant sa croix; figure bien peinte et dans un grand style.
2967	4	2	3	»	Renaud et Armide.
2968	3	5	2	»	La Mort de Lucrèce; demi-figure grande comme nature.
2969	2	11	3	6	Jésus déposé dans le tombeau; cette peinture est singulièrement bien comprise.
2970	5	3	3	9	Saint Christophe; l'effet en est d'une grande vigueur.
2971	2	3	1	10	Saint Jérome; figure peinte avec une grande énergie et un rare savoir.
2972	2	2	3	»	La Samaritaine au Puits.
2973	2	8	3	3	Un Concert; cette petite composition est rendue avec une grande liberté de main.
2974	2	4	3	»	Le Mariage de la Vierge; les figures en sont de petite proportion.
2975	1	10	2	11	Guillaume Matrieu, sa Femme et sa Famille; petit tableau rendu avec beaucoup de soin et une grande imitation de la nature.
2976	2	1	3	4	Deux Saints Anachorètes, auxquels un Corbeau apporte du pain.

NUM. d'ordre	HAUTEUR des tableaux		leur LARGEUR		
	pieds	pouces	pieds	pouces	
2977	2	11	4	1	Une sainte Famille; elle est bien peinte et d'un grand relief.
2978	4	1	3	»	Notre Dame, l'enfant Jésus et des Anges; composition pleine de grâce.
2979	2	5	2	»	Saint Jean Baptiste; belle copie d'après l'original du Guerchin.
2980	2	2	3	2	La Fuite en Égypte; les figures sont petites.
2981	2	1	2	8	L'enfant Jésus et saint Jean Baptiste se caressant; cette jolie composition se distingue par un bel effet de couleur et une exécution très soignée.
2982	2	3	3	»	Le Repas du Christ pendant son voyage à Emmaüs.
2983	1	9	2	1	Galatée; petites figures.
2984	1	6	1	1	L'Assomption de la Vierge.
2985	1	6	2	»	Jésus encore adolescent se présente à Dieu le Père, au milieu des instrumens de la Passion.
2986	4	9	3	8	Une sainte Famille, de grandeur naturelle.
2987	3	»	1	9	Les quatre Parties du Monde reconnaissant la Religion catholique; composition allégorique, en figures de petite proportion.
2988	1	10	3	1	L'Europe représentée par une figure dans un char de triomphe, montre sa dévotion pour la Religion catholique; l'effet de cette composition est d'une grande clarté.
2989	2	2	1	9	Dieu le Père et le Saint Esprit; l'effet en est très brillant.
2990	1	6	1	1	La Vierge sur son trône.
2991	4	»	2	9	Saint Michel combat et chasse les démons.
2992	3	5	5	2	Le Couronnement d'épines.
2993	3	11	3	11	Un Saint inconnu.
2994	4	2	2	11	La Vierge, l'enfant Jésus et saint François; composition dont les personnages sont petits.
2995	4	1	2	4	Saint Joachim présente au Seigneur sa fille Marie encore jeune; belle copie d'après l'original de Pozzi.
2996	5	3	3	9	Herminie devant les Pasteurs.
2997	2	9	3	5	La Vierge vient visiter sainte Elisabeth.
2998	3	6	2	9	Une sainte Famille; elle est peinte par Guido Reni, avec le savoir et la perfection bien connue de ce maitre célèbre.
2999	2	»	2	4	L'Adoration des Mages; ce tableau est remarquable par la vigueur de son coloris, il appartient à l'école vénitienne.
3000	2	9	2	6	Jésus est saisi par les soldats, dans le Jardin.
3001	3	3	3	3	Saint Jean l'Évangéliste, est représenté dans une forme octogone; l'effet en est puissant et hardi, on y trouve aussi beaucoup d'expression de nature: il rappelle l'école du Caravage.
3002	3	6	5	»	Susanne défendue par Daniel; demi-figures grandes comme nature.
3003	3	9	5	10	La Résurrection de Lazare; cette peinture est d'un style fort large, et dans la manière du chevalier Calabrese.
3004	3	9	5	3	Jésus déposé au Tombeau, est adoré par les Anges.
3005	2	3	1	10	Portrait du Cardinal Bentivoglio; ouvrage spirituellement compris et rendu avec une rare intelligence.
3006	2	2	1	10	Demi-figure; sujet inconnu.

— (120) —

NUM. d'ordre	HAUTEUR des tableaux		leur LARGEUR		
	pieds	pouces	pieds	pouces	
3007	3	»	4	2	Une *Apparition céleste*, représentée dans un beau paysage; les petites figures en sont savamment rendues.
3008	4	1	3	»	Le *Mariage de sainte Catherine*, remarquable par une belle expression.
3009	2	6	2	»	*Portrait d'un Cardinal*; il est bien peint.
3010	»	7	»	9	*Un Homme médite au clair de lune*, sur des ossemens qui se trouvent dans un cimetière; cette figurine qui se détache sur un beau fond, est pleine de sentiment et d'une rare intelligence d'exécution.
3011	»	7	»	9	*La Résurrection de Lazare*; effet de nuit bien composé et rendu d'une manière très large.
3012	5	3	3	8	*Sainte Marie Magdeleine pénitente*; figure de proportion naturelle.
3013	3	»	4	»	*Le Sommeil de l'enfant Jésus.*
3014	4	6	3	6	*Une sainte Martyre dans la Prison*; figure un peu plus grande que nature.
3015	5	3	3	8	*Saint François en prière.*
3016	2	7	4	1	*La Vierge et l'enfant Jésus, entourés d'Anges, saint Joseph reçoit le commandement céleste, pour aller en Egypte.*
3017	»	9	1	1	*Sujet inconnu*; les figures en sont petites.
3018	1	»	»	8	*Petit Paysage*; rendu avec beaucoup d'esprit.
3019	5	3	3	9	*Le Christ fouetté à la colonne*; le coloris en est très vigoureux, les figures sont plus petites que nature.
3020	5	3	3	8	*Jésus Christ succombant sous sa croix.*
3021	2	8	3	6	*La Conversion de saint Paul.*
3022	4	»	2	11	*La Vierge sur son trône; à ses cotés sont placés saint Pierre et saint Paul*; cette composition est pleine de majesté, et l'effet en est puissant.
3023	2	6	3	3	*Notre Dame avec l'enfant Jésus qui dort; on y voit aussi saint Jean Baptiste, et saint Joseph*; l'expression de ces personnages est pleine de grâce.
3024	»	10	2	»	*Sujet allégorique.*
3025	1	4	»	11	*Une Bambochade.*
3026	2	2	1	10	*Portrait d'un Pape*; le coloris en est beau, et l'exécution savante.
3027	»	9	1	»	*Une Bataille*; les figures sont très petites.
3028	3	10	5	4	*Diane et Endymion.*
3029	3	6	5	»	*Jésus mort, est déposé sur les genoux de la Vierge*; l'effet en est remarquablement beau, et le rendu supérieur. Ce tableau appartient à l'école espagnole.
3030	4	»	3	»	*La Vierge avec l'enfant Jésus et saint Jérome*; ces figures se distinguent par un large style, et une grande fluidité dans la couleur.
3031	3	10	3	»	*Notre Dame et l'enfant Jésus*; le coloris en est puissant et rappelle l'école vénitienne.
3032	3	10	3	»	*L'Enfant Jésus sur les genoux de la Vierge, lui montre les in-*

NUM. d'ordre	HAUTEUR des tableaux		leur LARGEUR		
	pieds	pouces	pieds	pouces	
					strumens de la Passion qui lui sont présentés par un ange; cette composition est rendue avec une grande intelligence et une rare suavité de pinceau. Elle appartient à l'école du Guido Reni.
3033	4	3	3	2	Une sainte Famille; belle copie, d'un ton vigoureux; d'après un original de Fra Bartolomeo.
3034	2	10	2	»	La Manne tombant dans le désert; petites figures.
3035	3	»	4	1	Une sainte Famille; l'expression en est gracieuse et l'effet plein d'une douce harmonie.
3036	3	7	5	1	Jésus mort, est déposé dans le tombeau; cette peinture est de l'école florentine.
3037	1	3	»	11	Un Paysage.
3038	1	2	1	7	Petit Paysage, rendu avec une grande précision.
3039	»	11	1	5	Une Tempête; elle est bien comprise, et offre une grande richesse de couleur.
3040	4	2	3	1	Une sainte Famille; le coloris en est fort, et rappelle le style de l'école florentine.
3041	5	3	3	8	Jésus annonce à sa mère, qu'un jour à venir il devra souffrir la Passion; on voit des Anges qui viennent lui offrir des fleurs. Cette composition est bien entendue et très gracieuse; l'exécution en est remarquable.
3042	4	2	3	»	L'enfant Jésus dans les bras de sa mère, perce le serpent qui est roulé à ses pieds; cette peinture est d'un sentiment plein de charme.
3043	3	10	2	10	La Samaritaine au puits; petites figures.
3044	4	1	2	10	Saint Antoine de Padoue devant l'enfant Jésus; la couleur en est bonne.
3045	1	6	3	»	Un Paysage.
3046	6	»	4	4	Jupiter foudroyant les Géants; ce tableau est d'un grand effet.
3047	4	2	3	»	Une sainte Famille; composition pleine de grâce, et d'une belle exécution.
3048	2	11	4	1	L'Adoration des Mages; elle est parfaitement rendue.
3049	2	2	1	10	Un Guerrier; demi-figure, d'une grande hardiesse de touche et d'un effet très vigoureux; dans la manière du Caravage.
3050	4	3	3	2	Saint François méditant sur le Crucifix; belle peinture empreinte de la plus religieuse expression.
3051	4	2	3	»	Saint Jérome; on y trouve une grande imitation de la nature.
3052	3	7	2	10	Saint François; demi-figure pleine de vérité.
3053	4	2	3	»	L'Annonciation.
3054	3	7	2	7	Saint Pierre; demi-figure de grandeur naturelle et d'un style noble et grandiose.
3055	4	6	2	6	Le Crucifiement de saint André; cette composition est bien entendue et d'une bonne exécution.
3056	3	9	2	5	L'Annonciation; cette peinture est d'un effet très harmonieux et d'une grande légereté de pinceau. Les figures en sont très petites.

NUM. d'ordre	HAUTEUR des tableaux (pieds)	(pouces)	leur LARGEUR (pieds)	(pouces)	
3057	4	1	2	8	*La Mort de saint Joseph*; les personnages sont de petite proportion.
3058	4	2	2	11	*Narcisse*; petite figure rendue sur un fond champêtre d'une riche composition.
3059	4	5	3	7	*Les Anges adorant Jésus dans la Crèche*; cette gracieuse composition est rendue avec une grande expression de respect religieux, et une rare précision.
3060	4	6	3	»	*Jésus Christ en prière, dans le jardin des oliviers.*
3061	3	»	4	9	*Un Saint Évêque*; demi-figure plus grande que nature; le style en est large et plein de dignité.
3062	4	2	3	»	*L'Adoration des Mages*; la couleur en est agréable.
3063	4	3	3	»	*David*; demi-figure pleine de vérité et d'une grande force de coloris.
3064	3	10	5	3	*Le Repas pendant le voyage à Emmaüs.*
3065	4	»	2	11	*Le Repentir de saint Pierre*; cette peinture est remarquable par la force de la couleur, par l'expression, et une parfaite imitation de la nature.
3066	4	2	3	»	*Le Sacrifice d'Abraham*; composé et peint de main de maître.
3067	4	2	2	7	*L'Assomption*; elle est bien rendue et bien colorée.
3068	4	1	3	»	*L'Adoration des Bergers.*
3069	2	2	1	8	*Un Vieillard*, demi-figure.
3070	2	3	1	10	*La Vierge tenant sur ses genoux le corps de Jésus Christ mort.*
3071	3	10	2	10	*La Visite de la Vierge à sainte Elisabeth*; cette peinture se distingue par un style large et simple.
3072	3	8	5	»	*Allégorie relative à la fondation d'Athènes*; les figures sont de petites proportions.
3073	2	2	1	10	*Marie tombe évanouie, en voyant Jésus son fils déposé dans le tombeau*; cette composition est d'une très belle couleur, et rappelle l'école vénitienne.
3074	4	2	2	10	*Saint Jérome*; demi-figure grande comme nature; le coloris en est puissant.
3075	3	2	3	10	*La Vierge Marie vient visiter sainte Elisabeth*; les figures sont petites, et leur faire rappelle l'école de Sebastiano del Piombo.
3076	2	3	1	6	*Portrait d'un jeune fille*; il est peint avec une grande suavité de pinceau et un grand soin.
3077	5	10	4	10	*Saint Joseph reçoit de Dieu l'ordre de conduire la sainte Famille en Egypte*; cette composition offre la réunion d'un coloris plein d'harmonie et d'une imitation parfaite de la nature. Elle est de François Mola.
3078	»	10	»	7	*Portrait d'une femme*; il est bien coloré et bien rendu.
3079	3	2	3	10	*La Découverte des livres Sibyllins.*
3080	3	6	4	9	*Notre Dame et l'enfant Jésus*; des anges sont occupés à fabriquer sa croix.
3081	5	»	4	6	*Saint Jean Baptiste encore jeune, prêche dans le désert*; belle et savante copie, d'après l'original peint par Raphael.
3082	1	6	2	»	*La Crèche de l'enfant Jésus*; petite composition bien traitée.

NUM. d'ordre	HAUTEUR des tableaux (pieds)	(pouces)	leur LARGEUR (pieds)	(pouces)	
3083	3	4	5	2	*Jésus devant Pilate*; copie de figures grandes comme nature d'après le bel original de Gherardo delle Notti.
3084	2	»	1	6	*Portrait de femme*; de grandeur naturelle.
3085	3	6	5	»	*Prodigieuse résurrection de Jabite*, opérée par saint Pierre.
3086	3	2	4	6	*La Samaritaine*.
3087	1	5	1	1	*Petit Paysage*; composé et rendu avec beaucoup d'intelligence; on y trouve beaucoup de grâce et une grande précision de vérité.
3088	1	5	1	1	*Autre*, du même mérite.
3089	3	1	3	4	*Paysage*; d'une riche composition, et d'un effet très harmonieux.
3090	1	11	2	3	*La Création d'Eve*; petites figures.
3091	2	11	4	»	*Deux demi-figures*, grandes comme nature; elles représentent sans doute la modestie et la vanité.
3092	2	11	4	»	*Une Bambochade*.
3093	2	»	1	6	*Sujet inconnu*.
3094	2	2	1	10	*Autre sujet*, également inconnu.
3095	»	5	1	3	*Des Soldats*; petites figures exécutées en grisaille.
3096	2	2	2	11	*Jésus adolescent est aidé par des anges à fabriquer sa croix*.
3097	»	5	1	3	*La Reine Saba vient visiter Salomon*.
3098	2	3	1	10	*La Crèche de notre Seigneur*, esquisse d'un bon effet de couleur.
3099	1	10	2	4	*La Conversion de saint Paul*.
3100	1	7	1	1	*Saint Joseph da Copertino*.
3101	2	3	1	5	*Deux Prophètes*, ces figures de petite proportion sont spirituelle-
3102	2	3	1	5	ment peintes par le Bacicci.
3103	1	»	»	9	*Petit Paysage*.
3104	2	»	2	3	*Deux Apôtres qui baptisent*.
3105	1	11	1	6	*La Vierge et l'enfant Jésus*.
3106	1	11	2	3	*Deux Apôtres administrant le Baptême*.
3107	»	8	1	»	*Petite Vue qui représente un arc de triomphe*.
3108	2	3	1	6	*Deux Prophètes*; petites figures rendues avec beaucoup d'esprit
3109	2	3	1	6	par Bacicci.
3110	1	11	1	4	*Sujet mythologique*.
3111	3	8	5	3	*Une Forge de Serrurier*; petite peinture d'un grand effet de couleur.
3112	2	»	2	7	*La Prodigieuse Multiplication des pains*. Tableau fortement coloré.
3113	2	11	4	»	*Enée fuyant de Troie*, sa patrie.
3114	2	»	1	6	*La Vierge et l'enfant Jésus*.
3115	1	6	1	11	*Le Martyre de saint Etienne*.
3116	1	8	2	3	*Jésus mort est déposé dans le sein de Dieu le Père; les anges adorent le Sauveur*. Cette composition est rendue avec une grande intelligence. L'effet en est très brillant et les expressions sont bien senties.
3117	3	»	4	2	*Le Sacrifice de Noé*; belle et savante composition rehaussée par une exécution d'une grande richesse de couleur.
3118	3	»	4	2	*Une Bambochade*.
3119	»	9	»	5	*Petit sujet inconnu*.
3120	»	9	»	5	*Autre incertain*.

NUM. d'ordre	HAUTEUR des tableaux (pieds)	(pouces)	leur LARGEUR (pieds)	(pouces)	
3121	1	»	1	3	Un Paysage avec des Vaches; le coloris en est vif et spirituel.
3122	1	»	1	4	Autre Paysage, de noble composition et d'une grande vérité de nature.
3123	1	»	1	4	Une Marine.
3124	»	9	1	»	Petit Paysage; il est plein de grâce et d'une grande lumière.
3125	»	10	1	»	Autre Paysage, d'un effet vigoureux et noble.
3126	4	1	5	8	Saint Joseph reçoit le divin commandement pour aller en Egypte.
3127	1	4	2	9	La Fuite en Egypte.
3128	1	3	2	5	Le Massacre des Innocens; esquisse.
3129	1	11	2	6	La Samaritaine au puits.
3130	2	»	1	7	Un Portrait.
3131	2	9	1	9	Le Crucifiement; petite composition d'un grand effet, dans la manière du Rembrant.
3132	2	»	1	9	La Crèche de notre Seigneur. Petite scène bien rendue.
3133	2	6	3	10	Une Femme avec un Enfant.
3134	4	2	3	»	La Charité romaine.
3135	2	2	4	3	Le Parnasse; dans un paysage délicieux, on voit de petites figures savamment groupées et bien colorées.
3136	1	11	1	6	La Tentation de saint François.
3137	4	6	6	1	La Charité romaine. Figures grandes comme nature.
3138	2	»	1	6	Une sainte Famille; petite copie d'après le charmant original de Raphaël.
3139	1	10	2	3	Paysage, bien composé et savamment exécuté.
3140	1	10	2	3	Autre, du même mérite.
3141	4	6	2	11	Saint Roch.
3142	2	2	3	»	La Rencontre de Jacob et d'Esaü.
3143	2	2	1	2	Notre Dame et saint Stanislas.
3144	3	10	5	3	Sujet allégorique.
3145	2	3	4	6	Paysage; la composition en est riche et l'aspect délicieux.
3146	1	11	1	5	Des Fleurs; elles sont peintes avec beaucoup de soin, et d'une belle couleur.
3147	2	3	1	10	La Fuite en Egypte.
3148	2	11	2	2	L'Adoration des Mages. Le style en est large et l'exécution savante.
3149	5	4	3	9	Notre Dame dans une gloire; elle est accompagnée de divers saints. L'effet de ce tableau est puissant, et le rendu très soigné.
3150	3	»	4	6	La Translation de la sainte Chapelle de Loreto.
3151	1	11	1	3	Le Sacrifice d'Abraham.
3152	3	10	5	4	La Religion Chrétienne, figure de grandeur naturelle, pleine de dignité dans le style et d'harmonie dans la couleur.
3153	2	11	2	2	Le Baptême d'une Princesse, tableau d'un faire intelligent.
3154	2	4	4	7	La Samaritaine au puits. Elle est représentée dans un paysage dont l'effet est vif et piquant.
3155	3	7	4	»	L'Enlèvement d'Europe.
3156	3	»	4	1	La Danse de Diane avec ses Nymphes; petite composition de l'école de Jules Romain.

NUM. d'ordre	HAUTEUR des tableaux		leur LARGEUR		
	pieds	pouces	pieds	pouces	
3157	2	11	4	2	*La miraculeuse cessation de la peste, opérée par l'intercession d'un Saint Roi*; la composition en est savante et le coloris très beau.
3158	3	9	5	»	*Jupiter nourri par la chèvre Amalthée.*
3159	3	8	2	9	*Une Sainte Martyre*; le style en est large et bien rendu.
3160	2	9	4	1	*La Naissance d'Achille*; copie d'après le Poussin.
3161	2	»	1	5	*Un Ange*, demi-figure.
3162	1	11	1	9	*Le Sacrifice d'Abraham.*
3163	1	11	2	3	*Diane et Actéon*, petites figures.
3164	1	11	1	6	*Un Portrait de femme.*
3165	1	6	1	11	*L'Adoration des Mages*, composée et exécutée de main de maitre.
3166	2	»	1	6	*Sainte Cécile.* Figure de petite proportion.
3167	2	11	4	1	*Une Femme et un enfant*; tableau d'un grand relief et d'un rare fini.
3168	2	»	1	6	*Sainte Catherine de Sienne*; demi-figure grande comme nature.
3169	2	»	1	6	*Notre Dame sur son trône, et deux anges agenouillés à ses pieds*; Cette peinture est pleine de grâce et d'une douce harmonie de couleur.
3170	2	»	1	6	*Sainte Marie Magdeleine*: deux anges lui administrent la communion.
3171	1	10	1	5	*Portrait d'une Dame de condition*; demi-figure plus petite que nature, bien exécutée et pleine de vérité.
3172	4	6	6	9	*Jésus mort, est déposé dans le tombeau*; le style de cette composition est noble et simple, l'effet en est supérieur et l'exécution soignée.
3173	2	»	5	»	*Une Marine.* Elle réunit à une belle composition un effet large et bien rendu.
3174	2	»	1	6	*Portrait d'une Femme de distinction.*
3175	2	2	1	7	*Portrait d'un Pape.*
3176	1	11	1	5	*Portrait d'une Dame de condition.* Demi-figure de grandeur naturelle.
3177	3	6	4	10	*Marine*, l'effet en est vigoureux.
3178	2	10	5	»	*Paysage*; il est composé avec beaucoup de liberté d'imagination, et son effet est très beau.
3179	2	3	2	3	*La Vierge et l'enfant Jésus*; cette composition est pleine de charme, et son exécution est d'un grand fini. Elle appartient à l'école d'André del Sarto.
3180	2	3	1	9	*Portrait de Femme*; demi-figure de grandeur naturelle.
3181	2	3	1	9	*Autre Portrait.*
3182	4	»	5	4	*Jonas jetté à la Mer*; effet de tempête rendue avec une incroyable fougue d'imagination.
3183	2	9	3	4	*Une Sainte méditant sur le Crucifix.* L'aspect de ce tableau est remarquable et l'expression pleine de sentiment.
3184	2	11	2	2	*Une figure allégorique*; on a peut être voulu représenter la musique.
3185	5	2	3	7	*L'Education de la Vierge*; composition bien entendue et d'un effet très lumineux.

NUM. d'ordre	HAUTEUR des tableaux (pieds)	(pouces)	leur LARGEUR (pieds)	(pouces)	
3186	5	4	3	9	Jésus Christ rendant la vue à un Aveugle; bonne composition d'un style noble et simple.
3187	5	2	3	7	Une sainte Famille; demi-figures grandes comme nature: les expressions en sont pleines de grâce, et l'effet est très noble.
3188	2	9	3	8	Saint Jérôme, peinture d'un bel aspect.
3189	1	3	2	9	Paysage, il réunit un faire grandiose à une savante exécution.
3190	1	5	2	6	Paysage, d'un site agréable et d'un effet délicieux.
3191	1	5	1	»	Saint Chrysogone, dans une gloire, petite copie d'après le Guerchin.
3192	1	4	2	3	Paysage, richement conçu et bien exécuté.
3193	1	2	1	4	Autre, peint avec esprit et de main de maître.
3194	2	3	3	»	Portiques d'un Palais; ils sont d'une belle lumière et bien rendus.
3195	2	3	4	1	Paysage avec des Chaumières; cette peinture est d'un effet doux et harmonieux.
3196	2	3	3	»	Ruines antiques, parfaitement peintes.
3197	3	4	2	8	Samson et Dalida; figures plus petites que nature.
3198	1	2	»	9	Petite demi-figure de femme.
3199	»	9	»	7	David tenant la tête du géant Goliath; figurine.
3200	2	10	4	»	La Résurrection de Lazare; elle est bien colorée.
3201	2	3	3	»	Vue de Ruines antiques; on y a aussi représenté une Bambochade; le rendu en est satisfaisant.
3202	1	10	2	3	Paysage, largement composé.
3203	2	3	3	»	Vue Perspective, peinte avec beaucoup d'art; on y a représenté la continence de Scipion, en petites figures.
3204	2	4	4	2	Une Bataille.
3205	1	5	1	2	Une petite figure vétue à l'asiatique, domptant un cheval; ce petit tableau est remarquable par la beauté de son coloris.
3206	1	3	1	»	Un Paysage.
3207	1	3	1	»	Autre Paysage; il est d'un effet très prononcé.
3208	1	3	1	»	Vue d'une partie d'une Ville; elle est bien comprise et bien rendue.
3209	1	2	»	11	Petite figure, sujet inconnu.
3210	»	7	»	9	Petit Paysage, dans lequel on voit des troupeaux.
3211	»	7	»	9	Animaux, représentés avec une grande vérité de nature; le coloris en est fort et l'exécution très précise.
3212	»	7	»	10	Petit Paysage.
3213	»	8	1	1	Un Autre, bien entendu de composition, et d'un faire brillant et plein d'imitation de nature.
3214	4	6	6	»	La Communion de saint Louis Roi de France. Cette peinture offre des personnages bien colorés.
3215	1	»	»	9	Petite vue avec un Rempart; elle est très bien rendue.
3216	»	6	»	11	Petite Marine au soleil couchant.
3217	2	»	5	»	Vue d'une Marine, prise sur une côte riante.
3218	»	11	»	8	Petite vue d'une Tour.
3219	»	6	»	11	Autre petite Marine.
3220	1	11	1	4	Une Femme tenant une Corne d'abondance pleine de fleurs.
3221	2	1	1	6	Un Portrait.

NUM. d'ordre	HAUTEUR des tableaux pieds	pouces	leur LARGEUR pieds	pouces	
3222	2	»	1	5	Petite figure allégorique.
3223	1	11	1	5	Un Saint avec deux Anges.
3224	2	»	1	6	La fuite en Egypte; elle est représentée dans un paysage fortement coloré.
3225	2	»	1	6	Paysage, le ton en est agréable et l'exécution très ferme.
3226	1	11	1	5	Une Téte de vieillard; elle est rendue avec une grande facilité de pinceau, et une rare fraicheur de teintes.
3227	1	10	1	4	Un Portrait: imitation parfaite de la nature.
3228	1	11	1	»	L'enfant Jésus et la sainte Vierge dans une gloire, on voit aussi saint Nicolas; esquisse largement conçue.
3229	2	11	4	2	Vue Perspective de l'intérieur d'un Temple; elle est bien rendue.
3230	»	10	»	7	Des Assasins, petites figures.
3231	2	11	4	1	Ruines de constructions antiques. Elles sont bien traitées.
3232	»	6	»	8	Marine, vue par un temps clair.
3233	2	7	3	»	
3234	2	4	3	»	
3235	2	3	3	»	
3236	4	4	3	4	Paysages, dans les quels on trouve plus ou moins réunies, les qualités d'une brillante imagination, d'un effet piquant et d'un grand savoir d'exécution.
3237	4	4	3	4	
3238	2	6	3	3	
3239	2	»	3	»	
3240	2	»	4	»	
3241	2	9	3	6	
3242	2	9	3	6	
3243	2	4	6	6	Une Marine.
3244	2	4	6	6	Une Tempéte; on y voit les débris d'un vaisseau naufragé. Ce tableau est d'un grand effet par la terreur qu'il inspire.
3245	4	2	3	2	
3246	2	2	4	»	Paysages.
3247	2	2	4	1	
3248	2	»	1	5	
3249	3	6	4	7	Les Anges servent Jésus Christ, pendant son repas dans le désert.
3250	2	10	4	1	Vue de Ruines d'anciennes constructions.
3251	2	10	4	»	Paysage, représentant le voyage de Jésus Christ à Emmaüs.
3252	3	»	1	2	Un Christ sur la Croix.
3253	2	6	1	4	Miracle opéré par un Saint de l'ordre des Capucins.
3254	2	»	1	6	L'Abondance, petite figure.
3255	2	2	»	10	Un Paysage, d'une belle exécution.
3256	»	8	1	»	Petite Vue. L'effet en est très ferme, et de main de maitre.
3257	1	11	1	5	Une Tempéte. Le coloris en est excellent.
3258	1	10	1	6	Une Femme vêtue à la napolitaine, demi-figure bien colorée.
3259	3	7	5	3	Un Paysage.
3260	2	10	4	»	Renversement d'un grand Edifice, opéré par une influence magique; ce tableau présente une scène d'épouvante et de désolation.

NUM. d'ordre	HAUTEUR des tableaux.		leur LARGEUR		
	pieds	pouces	pieds	pouces	
3261	2	2	1	11	Un Paysage.
3262	2	5	1	3	Saint Joseph et sainte Anne.
3263	2	2	3	6	Vue de la Mer agitée par une tempête.
3264	2	3	»	10	Fleurs, parfaitement rendues.
3265	»	9	»	7	La Mort de saint François Xavier; petite figure bien colorée et bien peinte.
3266	»	9	»	7	Petite Vue de monumens antiques.
3267	»	9	»	7	} Vues Perspectives, rendues avec une grande précision.
3268	»	9	»	7	
3269	»	8	1	»	Un Paysage. Il est d'une bonne couleur, et l'exécution en est soignée.
3270	3	9	4	3	Saint Sébastien. Peinture d'une grande saillie, et d'un rare fini.
3271	3	10	3	9	Même sujet, également bien traité.
3272	4	»	4	8	Sujet inconnu. Un Roi tué dans une bataille est reconnu par les siens; le coloris de ce tableau est d'une grande puissance, et l'exécution en est bonne.
3273	2	10	4	9	Le Parnasse. On y voit Apollon et les Muses. Cette composition est noble et d'un beau style. Le pinceau en est large, et le rendu est de main de maitre.
3274	2	»	4	»	Une Vue. Le style de la composition est distingué; on y trouve beaucoup d'imagination, et une parfaite représentation de la nature.
3275	2	10	3	9	Paysage, dans lequel on voit une énorme masse de rochers d'où s'échappe une grande quantité d'eau; le coloris en est parfait.
3276	1	10	2	4	Le Jugement de Pâris, petites figures.
3277	1	»	1	9	Bataille, l'effet en est terrible.
3278	2	3	4	3	Vue de la Mer agitée par une tempête; cette peinture produit une grande impression de terreur.
3279	2	3	4	1	Vue de la Mer agitée; l'effet en est large et d'une grande vérité.
3280	1	8	1	4	La Vierge et l'enfant Jésus dans une gloire; petites figures pleines de noblesse et d'un fort coloris: on les attribue à l'école vénitienne.
3281	1	1	»	10	Saint François.
3282	2	2	1	9	La Vierge et l'enfant Jésus.
3283	1	6	2	»	Un Paysage.
3284	1	6	2	»	Une Marine, le ton en est vigoureux.
3285	3	10	5	3	Vue de la Place de saint Pierre, à Rome.
3286	3	»	2	3	Abraham congédie Agar sa servante.
3287	3	»	4	2	Vue d'une Campagne; on y voit des moissonneurs en repos; cette composition est pleine de charme, et la nature y est parfaitement imitée.
3288	1	1	3	»	Des Poissons, ils sont bien peints et d'une grande vérité.
3289	1	1	3	»	Un Paysage dans lequel coule une rivière: on y remarque une grande fraicheur de coloris et beaucoup de précision.

NUM. d'ordre	HAUTEUR des tableaux		lear LARGEUR		
	pieds	pouces	pieds	pouces	
3290	1	1	»	5	*Petit Paysage*; on y trouve une parfaite imitation de la nature.
3291	1	6	2	»	*Le Repos en Égypte*; petite esquisse pleine d'esprit.
3292	4	»	1	6	*La Crèche de Notre Seigneur.*
3293	1	6	1	6	*Jésus portant sa Croix*; tête plus petite que nature; elle est bien rendue.
3294	3	»	4	8	*Jésus adoré par les Bergers.* Tableau plein d'effet et de vérité.
3295	1	10	2	2	*Sujet allégorique.*
3296	1	6	2	»	*Moyse enfant sauvé des eaux.* Petites figures.
3297	1	8	2	»	*Un Cardinal méditant sur la mort.*
3298	3	9	5	3	*Vue intérieure de l'Eglise de saint Pierre*; le moment de cette composition, est celui où le Souverain Pontife reçoit le tribut qui lui est présenté par la Haquenée.
3299	1	5	2	1	*Un Philosophe occupé à lire dans un souterrain*; l'effet en est clair et harmonieux
3300	2	11	4	5	*Une Marine*; elle est parfaitement bien rendue.
3301	4	4	2	6	*Un Festin*; le sujet en est inconnu.
3302	3	9	5	2	*Sujet inconnu*; c'est peut être Abigaïl devant David.
3303	2	3	»	10	*Des Fleurs*; elles sont admirablement bien peintes.
3304	1	8	1	3	*Une Déposition de Croix.*
3305	3	»	4	11	*Des Soldats dépouillent leurs ennemis morts sur le champ de bataille.*
3306	3	1	2	3	*Sainte Marie Magdeleine.*
3307	3	1	4	11	*Une Bataille.*
3308	1	6	1	11	*Une sainte Famille.*
3309	1	5	1	10	*Dépouillement de Soldats, après un combat.* Peinture rendue avec énergie.
3310	5	3	5	3	*Vue Perspective.* Elle est d'une harmonie merveilleuse, et l'exécution en est complète.
3311	2	6	4	2	*Le Palais des Tuileries*; tableau remarquable par son bel aspect, sa grande vérité et l'exactitude du rendu.
3312	4	6	6	9	*Paysage*, richement composé, dans le style du Poussin.
3313	1	4	2	6	*Paysage*, bien coloré, d'un aspect plein de suavité de couleur, et d'une grande précision.
3314	3	»	4	3	*Autre Paysage*, grandement conçu dans la manière de Nicolas Poussin.
3315	2	4	4	3	*Une Marine*, d'un effet harmonieux et parfaitement exécutée.
3316	3	»	4	2	*Une Autre*, dont l'aspect est simple et agréable.
3317	3	9	5	9	*Allégorie relative au temps.* Petites figures vivement colorées, dans le faire du Bossi de Ferrare.
3318	3	3	3	4	*Une Femme amenée devant un tribunal*: ce tableau est de l'école française.
3319	2	9	2	7	⎫
3320	2	9	2	7	⎬ *Jeux de petits amours*, peints en grisaille. On les attribue à l'école de l'Albano.
3321	2	9	2	7	
3322	2	9	2	7	⎭

NUM. d'ordre	HAUTEUR des tableaux		leur LARGEUR	
	pieds	pouces	pieds	pouces
3323	3	»	4	2
3324	3	»	4	2
3325	2	11	4	»
3326	3	7	5	»

Une Bataille. Elle est composée et rendue avec une singulière vivacité d'imagination, son effet est plein d'énergie.

Une Autre, dans la quelle on trouve les mêmes qualités.

Un Paysage, avec une belle masse d'eau courante. Ce tableau est savamment peint dans la manière du Salvator Rosa.

Un Paysage. On y voit de petites figures. Cette peinture est attribuée à l'école des Carraches.

IMPRIMATUR
Fr. Dominicus Buttaoni Or. Pr. Sac. Pal. Apost. Mag.
IMPRIMATUR
Jos. M. Vespignani Archiep. Tyanen.
Vicesg.

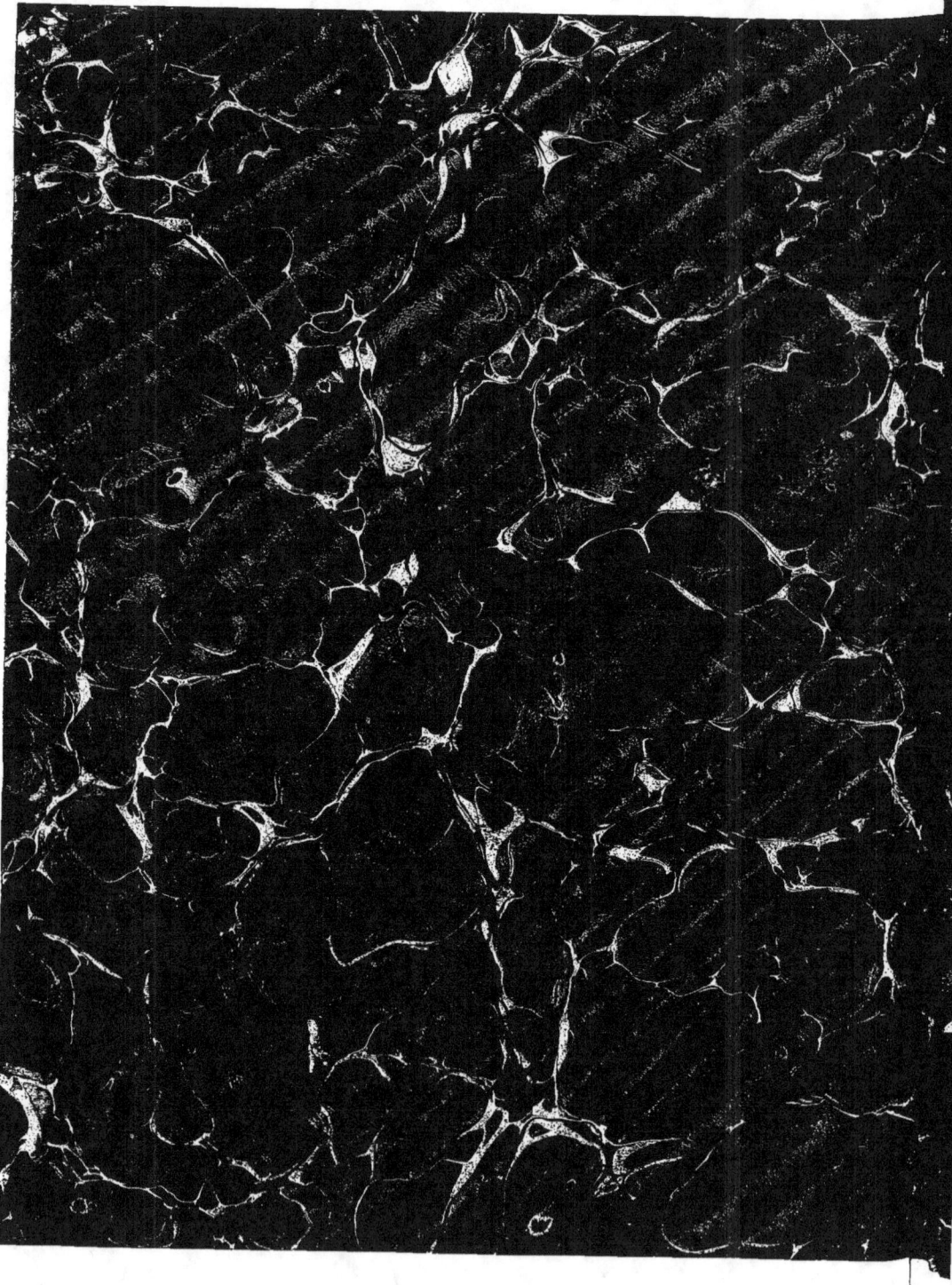

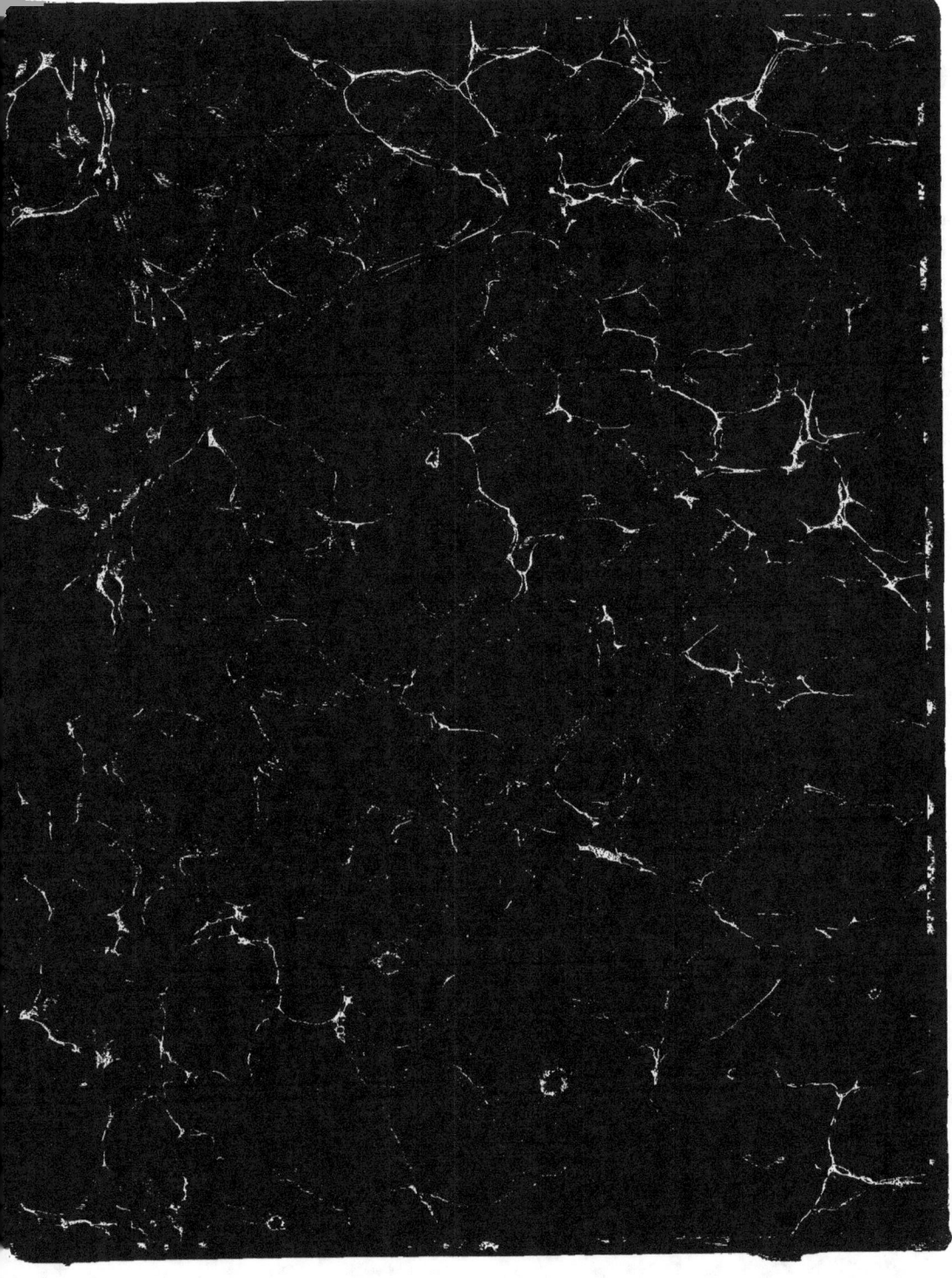

www.ingramcontent.com/pod-product-compliance
Lightning Source LLC
Chambersburg PA
CBHW071043240526
45471CB00014B/430